10億分の1の自分の才能を
見つけ出す方法

SIGNAL

チョン・ジュヨン 著
鈴木沙織 訳

文響社

プロローグ
10億分の1の可能性を開花させる

努力は大切だが、努力以上に重要な要素もないか？

1984年9月14日、アメリカの放送局MTVは、初のミュージックビデオ・アワードの開催を決めた。

今でこそ世界中のミュージシャンが憧れる巨大な祭典だが、当時のMTVは立ち上がってまだ3年。このマイナーな会社の用意したステージに歌手たちは乗り気ではなかった。目玉だったロックバンド・ZZトップには参加を断られ、さらに現場を困らせていたのは、ある新人歌手の存在だ。

その新人は、つい数年前に「黒人女性歌手」として売り出したばかりなのに、「金髪の白人歌手」であることが発覚してしまったお騒がせ歌手である。[*1]

彼女は「自分はノミネートされるのか？」としつこく聞き、いざ出演が決まれば、自分のステージではああしてほしい、こうしてほしいとしきりに要求した。

「私の舞台に大人のベンガルトラを上げてほしいの[*2]」

「2か月後に出る新曲も歌いたいわ[*3]」


しかし、ぽっと出の新人の意見に耳を傾けるスタッフはいない。

記者たちも「数年後には消える歌手」だと陰で触れ回っていたし、何より所属事務所の人間もまた、彼女を積極的に売ろうなどとは考えていなかった。

彼女はそのうち消えてなくなる「捨て駒」だった[*4]。

このアワードは失敗に終わるだろう。そんな絶望感とともに祭典は始まり、件《くだん》の新人歌手の出番がやってきた。

その歌手の名は「マドンナ」といい、曲は『ライク・ア・ヴァージン（Like A Virgin）』だった。

イントロが鳴り出すと、マドンナは巨大なウェディングケーキの上から登場した。衣装は純白で統一し、新婦を思わせる姿でケーキから降りてくる。

その演出は奇抜でこそあったが、ステージは順調だった。……しかし、事件が起こったのは曲が始まってから3分後である。


「あなたが私に初めて触れるとき――」

この歌詞を歌いながらマドンナは、突然、体をいやらしくくねらせた。「処女性」の象徴たる純白のドレスで、セクシーに、卑猥《ひわい》に踊りだしたのだ。それから時間にして1分間――観客も関係者たちも言葉を失った。

パフォーマンスが終わり、司会者が冗談をひと言、ふた言発したものの、場は静まり返っていた。あまりにも衝撃的すぎたのだ。拍手が聞こえてきたのは、それからしばらくしてからのことであった。

皆マドンナに釘《くぎ》付《づ》けになった。ある者はヤジを飛ばし、ある者は「彼女は終わった」と言った。

――が、そうはならなかった。[*5][*6] 賛否両論のこのステージは結果的に「伝説」となり、マドンナは大ブレイク。『ライク・ア・ヴァージン』はマドンナの歴代最高ヒット曲となり、彼女を10億人に1人のスターにした。

ではなぜ、マドンナはこの曲を、そしてこのような演出を選んだのだろうか？「成功する」という確信はあったのだろうか？

この舞台裏には、世界中の成功者たちに共通する「あること」が起きていた。

誰にも認められなかった「最高のヒット曲」

伝説となったMTVのステージから遡《さかのぼ》ること1年。

作曲家のビリー・スタインバーグは、大失恋を経験し落ち込んでいたのだが、ようやく新しく好きな人ができた。そんなとき、こんな歌詞が浮かんできたという。*7

「つらい日々をなんとか乗り越えてきた。私は不完全で弱くて……。ずっとそうだった」

この歌詞に深く共感したのが、同僚の作曲家トム・ケリーであった。彼もまた妻と離婚したばかりで意気消沈していた。そんな彼の心にこの歌詞は突き刺さった。

そんな2人が組んで生まれた曲が『ライク・ア・ヴァージン』だった。最高の曲ができたと2人は喜んだ。

だが、周囲の意見はまったく違った。

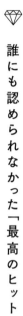

「こんな曲が流行《はや》るわけがないだろう」

レコード会社を何社もまわるも、突き返され、笑われ、「題名から変えろ」と全否定されることもあった[*8]。

しかし、２人は屈しなかった。確信があったのだ。

「これは、プロたちが聞き慣れた曲とはまったく違う新しい曲なのだ。私たちは彼らの嘲笑には屈しない[*9]」

２人はそう心に決めていた。

それから『ライク・ア・ヴァージン』は日の目を見ないまま1年経《た》つが、２人が1年も熱心に売り込んでいる曲があると、ワーナー社の副社長の耳に入る。

副社長は、「それならうちに黒人の歌手が1人いるから、歌わせてみたらいいだろう」と、ある歌手をあてがった。

その歌手こそが、当時「黒人歌手」として売り出されていたマドンナであった。

この曲を聞いた瞬間、マドンナは心底惚《ほ》れ込んだ。

一方、プロデューサーのナイルは乗り気ではなかった。

「出してもいいが、別の曲と合わせて出そう」と提案した。当時の音楽の流行の中では、「歌詞はどうでもいい。拍子とリズムがすべて」が常識であったからだ[*10]。

ところがマドンナは、そんなナイルの意見に真っ向から反発した。

「ナイル、あなたはわかってない。少女であれ、大人の女性であれ、ヴァージンを失うということは本当に大きな出来事なの。この歌のメッセージには、拍子やリズムよりももっと強いパワーがある」[11]

そして、「自分の一番大事なタイトル曲としてこの歌を出したい」と言ったのだ。

新人歌手がプロデューサーに異を唱えるというのは、歌手生命の終わりにつながりかねない。それでもマドンナは「この責任は自分がすべて取る」と言って聞かなかった。リスクを冒してでも、この歌には価値があるとマドンナは確信していたからだ。[12]

では、その確信はどこからきていたのだろうか？

マドンナが貫いた、たった１つのメッセージ

実は、マドンナは性犯罪の被害者である。成功を夢見て故郷からニューヨークに飛び出してきてすぐの頃、性犯罪に遭い、ヴァージンを失ったのだ。

そんな暗い過去を持ちながらも夢を追い続けていたマドンナにとって、「つらい日々をなんとか乗り越えてきた。私は不完全で弱くて……。ずっとそうだった」という歌詞は彼女自身の心をとらえた。

マドンナは、『ライク・ア・ヴァージン』についてこう語っている。

「私は、この社会が女性たちに投影していた矛盾について伝えたかったの」[*13]

マドンナはこの曲に、女性も男性のように自由に、自分のセックスアピールを臆さず表現していいのだ、というメッセージを込めていた。「女はこうあるべし」という女性に浴びせられる社会の願望とその矛盾を、マドンナはステージ上で表現したのだ。

そのメッセージは、アメリカから世界中に届いた。事実、『ライク・ア・ヴァージン』に夢中になったファンのほとんどは、社会の圧力に強く抑えつけられ、保守的な考え方を強いられてきた女性たちだった。[*14]

彼女のパフォーマンスは、抑圧されていた人たちのエネルギーを呼び起こした。それは、周囲からの「偏見」「常識」「慣習」といった〝シグナル〟を断ち切り、「自分が本当に伝えたいメッセージ」一点に集中したことによって生まれたものであった。

マドンナ、作詞作曲のスタインバーグとケリー、この中の誰か1人でも「彼らの言う通りにしよう」とまわりのシグナルに迎合していれば、『ライク・ア・ヴァージン』は日の目を見ていなかったかもしれない。また、マドンナのメッセージに共感する人も出てこなかったかもしれない。

私たちは、常に周囲から発せられるシグナルと自分が「本当にやりたいこと」との間で葛藤を繰り返しているのだ。

重要なシグナル、重要でないシグナルの見極めが人生を左右する

本書でお伝えするのは、この**「シグナル」がいかに人間の生き方に大きな影響を与えているか**、ということである。

それは、親からのシグナル、学校や勤務先からのシグナル、もっと大きな社会的なシグナルであることもある。そうしたシグナルに従順になるのか、無視をするのか、どのようなシグナルにならば、共感しても良いのか？

著者は、この「シグナル」に注目し、10年にわたって何百という事例を調査してきた。本書で紹介するのは、その集大成となるシグナルの法則である。

シグナルについては、大きく2部に分けて紹介している。

前半の第1部では、「シグナルを断ち切る力」について。**いかにまわりのシグナル——時にはノイズとも呼べる——を断ち切り、自分の道を信じるか**、その方法をお伝えしていきたい。

後半の第2部では、「シグナルを理解する力」について。**私たちが信じるべきシグナルとはどんなもので、どうすればそれをより深く追求していけるか**を紹介する。

全編にわたり、マドンナのような歌手はもちろん、ハーバード出身のエリートたち、平凡なキャリアから大成した科学者、世界的な音楽家などの様々なケースと、さらには最新

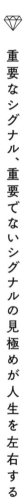

の科学実験の研究結果もあわせて「シグナルの法則」をお伝えしていく。

読み終わったときには、このシグナルの法則こそが世の中のトップ１%の人に自然と共通している資質なのであると、きっと理解していただけるだろう。ぜひ、読み進めてみてほしい。

CONTENTS

4章 ハーバード上位1％の秘密

5章 内なるシグナルに従う

第2部 シグナルを理解する力

6章 革新的な発見の秘密

ブックデザイン	喜來詩織(エントツ)
DTP	有限会社天龍社
校正	株式会社ぷれす
翻訳協力	株式会社アメリア・ネットワーク
編集	平沢拓＋関美菜子(文響社)
編集協力	松本幸樹

第1部

シグナルを断ち切る力

1

章

「平均」という罠《わな》

きれいなカーブに、
埋もれてはいけない。

努力よりも大切なものは何？

漁村出身のメジャーリーガー、リベラのケース

中央アメリカの漁村が生んだ野球選手

中央アメリカの南端に、プエルトカイミトという漁村がある。村に住む者は皆、漁師をしているか、工場や市場で魚をさばいているか、船の修理をしているか、何かしら魚と関係した仕事をしている。だが、魚1トンが1ドルにしかならないほど貧しい村だ。

貧しい生活から抜け出そうとする者もいるが、結局は親と同じ仕事をすることになる。そんな中にマリアノ・リベラという若い漁師がいた。18歳のその青年は、背が高くがっしりとした体格をしていた。

リベラは、父親にこう言われて育ってきた。

「船の中に網があったって一文にもならん。網は海の中にあってこそ金になるんだ」[*1]

当然、自分も漁師のまま一生を終えるものとして暮らしてきた。

だが、幸か不幸かリベラの父の船が事故に遭う。そのため一時的に漁ができなくなり、その間リベラは自分の好きな野球をした。

その一時の出来事が、リベラの運命を変えた。

リベラの秘められた才能はすぐに話題を呼び、ニューヨークヤンキースからスカウトがやってきた。リベラは英語をひと言も話せないまま、アメリカの中心であるニューヨークに向かうことになる。

その後、リベラは投手として飛躍的に成長し、通算652セーブを記録した。MLB史上最多の成績だった。

「かつては漁師のあなたが、今やワールドシリーズで優勝。ここに至るまでに学んだものがあるとすれば、それは何ですか？」[*2]

記者の質問に、リベラは謙虚な表情で「自分は決してトップじゃない。トップを目指して絶えず努力しただけです」と答えた。[*3]

努力は大切だが、努力以上に重要な要素もあるのでは？

リベラの発言だけ見れば、「やっぱり努力は大切だ」という教訓に落ち着いてしまいそうだ。努力することが結果を手にする唯一の方法であると、多くの偉人・成功者たちが強調し、私たちも嫌というほど耳にしてきたはずだ。

……だが、はたしてそうだろうか？

才能を伸ばすには、努力は必要だ。しかし、努力だけでは才能が開花しないこともあるはずだ。

前述のリベラは投手として活躍したが、スカウトを受けたときは、実は「ショート」のポジションだった。そして驚くべきことに、スカウトは「リベラはショートには向かない」という不採用の判断をしていた。

ところが、その判断に異を唱えた者がいた。

「ショートではなく、投手として見てやってください」

そんな電話がスカウトに入った。選手たちからだった。

「信じてください。おれは直接あいつの球を受けたんです。あいつは自分が狙った場所ならどこにでも球を投げ込むことができるんですから」[*4]

仲間の支援を受け、リベラは投手として契約をすることになった。

リベラがプロ選手になって活躍できたのは、リベラに才能があり、その才能を伸ばす努力をしていたからだ。それは疑いようがない。

だが、もう1つ大きな要因がある。**「リベラが投手としての才能を持っている」ことに気づいた人がいたから**だ。もしも彼らがスカウトに異を唱えなければ、リベラは地元に戻って再び漁師になっていたかもしれない。

社会システムと努力の開花

アメリカのスポーツ・ライターのビル・ジェームズは、これまでに活躍した何千人もの選手の統計データを解析し、「努力が報われる時期」を示す指標を発明した。「年齢曲線（エイジング・カーブ）」と呼ばれるものである。

27歳が才能のピークであり、それからは下降していく。そのため、スカウトたちは27歳までにきれいな上昇グラフを描いている選手を探すのだ。

このような「エイジング・カーブ」は、様々な研究で発表されている。たとえば、生物

グラフ1－1　エイジング・カーブ

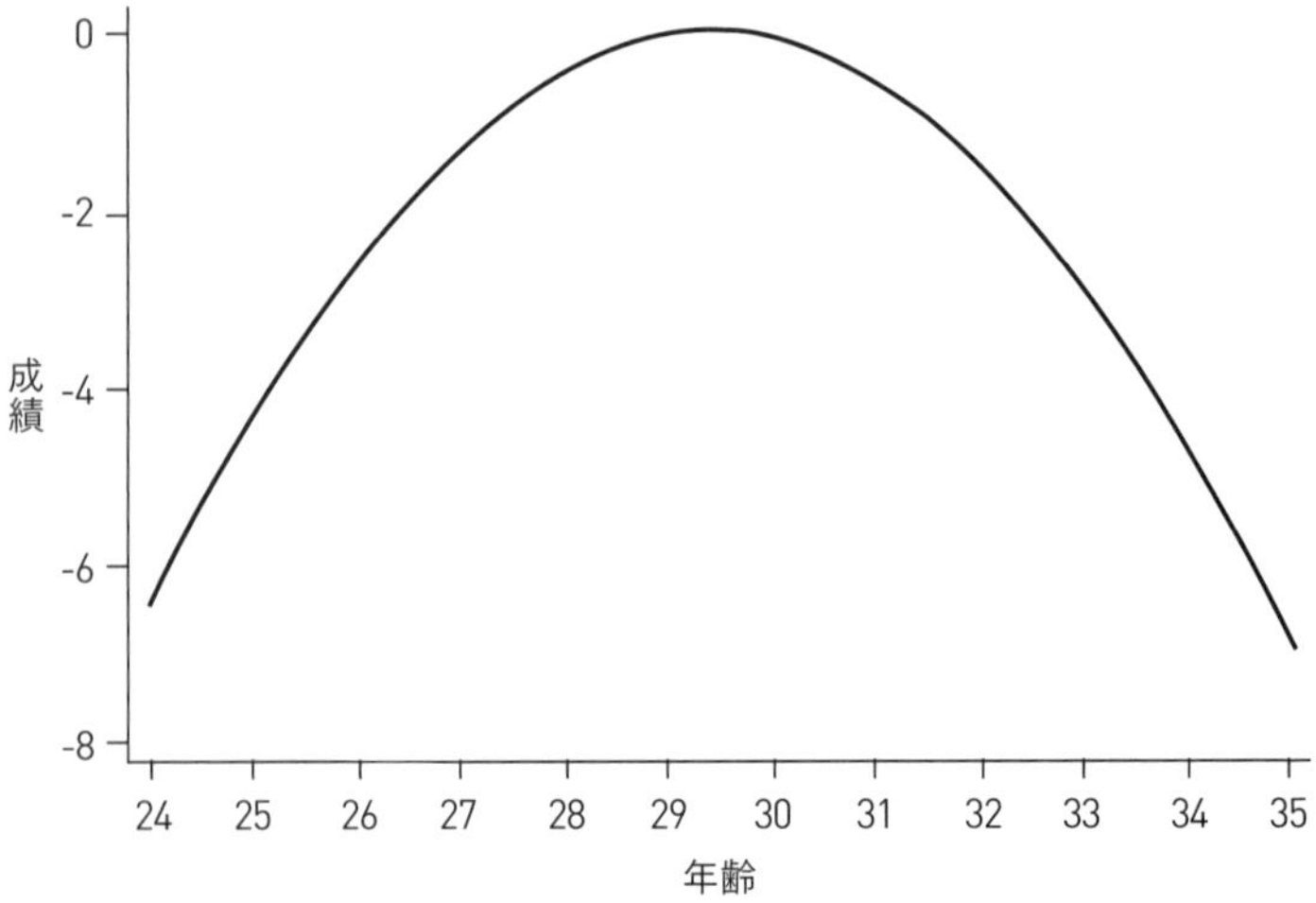

出典：『ベースボール・プロスペクタス（＊5）』

学的に脳の処理能力がピークを迎えるのは10代後半。オリンピックで身体的に最も優れた技量を披露できるのは20代で、数学者や物理学者として芽が出る可能性が最も高いのは30代。医者ならば、多くの患者の命を救えるのは40代がピークで、これらの年齢を飛び超えてこの世で一番多くの資金を動かしているのは世界的なCEOの平均年齢は55歳だ。[＊6] そしてこの頃を過ぎれば、衰えが始まる。

社会のシステムもこうした傾向に合わせて作られている。小学校から高校まではどの学年でも優等生と劣等生を分け、知力がピークに達する時期には「名門大学に入れた」か「そうでないか」がはっきりする。オリンピックで平均的にメダルを取れる26歳を過ぎると、[＊7] 引退の雰囲気が漂い始め、大学は一定の年齢を過ぎた学生を受け入れたがらず、会社は就職希望者を書類で難なくふるいにかける。

これが私たちの社会を取り巻く通常のシステムである。

しかし、このシステムは完全なものであろうか？　どこかに才能の取りこぼしがないだろうか？

たとえば注目を浴びる人がいる裏で、才能が見出《みいだ》されることなく、消えていった選手、アーティストはいないだろうか？　かつては神童と呼ばれるも、社会に出て潰《つぶ》されていった才能はないか？　彼らは、リベラのような努力をしなかったのか、それともその努力が足りなかったのだろうか？

そこには、やはり「シグナル」が関係している。

いったいどういうことか？　もう少し読み進めていこう。

「きれいな成功曲線」などクソくらえ

統計学者ネイト・シルバーの見立て

平均に本質はない

統計学と未来予測のスペシャリスト、ネイト・シルバーをご存じだろうか。

２００８年のアメリカ大統領選では、オバマがどのように勝つのか具体的な数値まで正確に予測し、上院選では当選者35名全員を的中させた。当時はまだ30歳で、タイム誌の「世界で最も影響力のある１００人」に選ばれている。

いったい、彼はどのように未来を予測しているのだろうか？

シルバーはこんなことを言っている。

「平均的な高校に行って、生徒たちを観察してみてほしい。この中で将来誰が医者になり、弁護士になり、起業家になるのか。あるいは食べるのにも困るような生活を送るのは誰か予測するとしよう。おそらくあなたは成績表やSAT（大学進学適性試験）の結果を見るだろうし、友人の数なども見て判断しようとするだろう。けれど結局のところ、かなりの部分を〝勘に頼る〟ことになる」*8

つまり、学歴やテストの結果、友人の数などの「わかりやすい指標」を基準にすることは、正しい予測にはつながらない。むしろ誤りを生むもとになるのだとシルバーは指摘している。

前項で「エイジング・カーブ」を紹介したが、このグラフがあらわすのは、つまるところ「平均」である。

個別に見れば、年齢を重ねてから急に調子を上げる選手もいるし、実力の伸びを期待されながら、20代前半でピタッと成長を止めてしまう選手もいる。そのような様々な選手を平均化すると、きれいなカーブになる。

しかし、シルバーに言わせれば「このような曲線は統計上の抽象的な描写に過ぎず、何の意味もない」。

関連して、ゲイリー・ハッカベイは独自に数千人の選手を分析し直した。「平均」という概念を外し、選手の年齢と実力について調べたのだ。

その結果が次ページのグラフだ。

この調査でわかったことは、大きく3つ。

1. 期待を一身に集めた選手は、その理想に縛られ自らのプレッシャーの中で下降するケースが多い
2. まったく注目されず、光の当たっていなかった選手が、息を吹き返したように急上昇している
3. 成功に対する既存の考えは間違いであり、きれいなカーブは「平均」を意味しているに過ぎない

どうだろうか。「言われてみればたしかに」というあたりまえのことに感じる話かもしれない。しかし、このようなシンプルな事実さえ、「平均」や「わかりやすい指標」を重視していると見えなくなってしまうのだ。

平均から外れたところで才能は開花する

心理学者も同様のことを言っている。心理学分野で「ベスト・オブ・ベスト」に選ばれ

グラフ1－2　打者のエイジング・カーブ

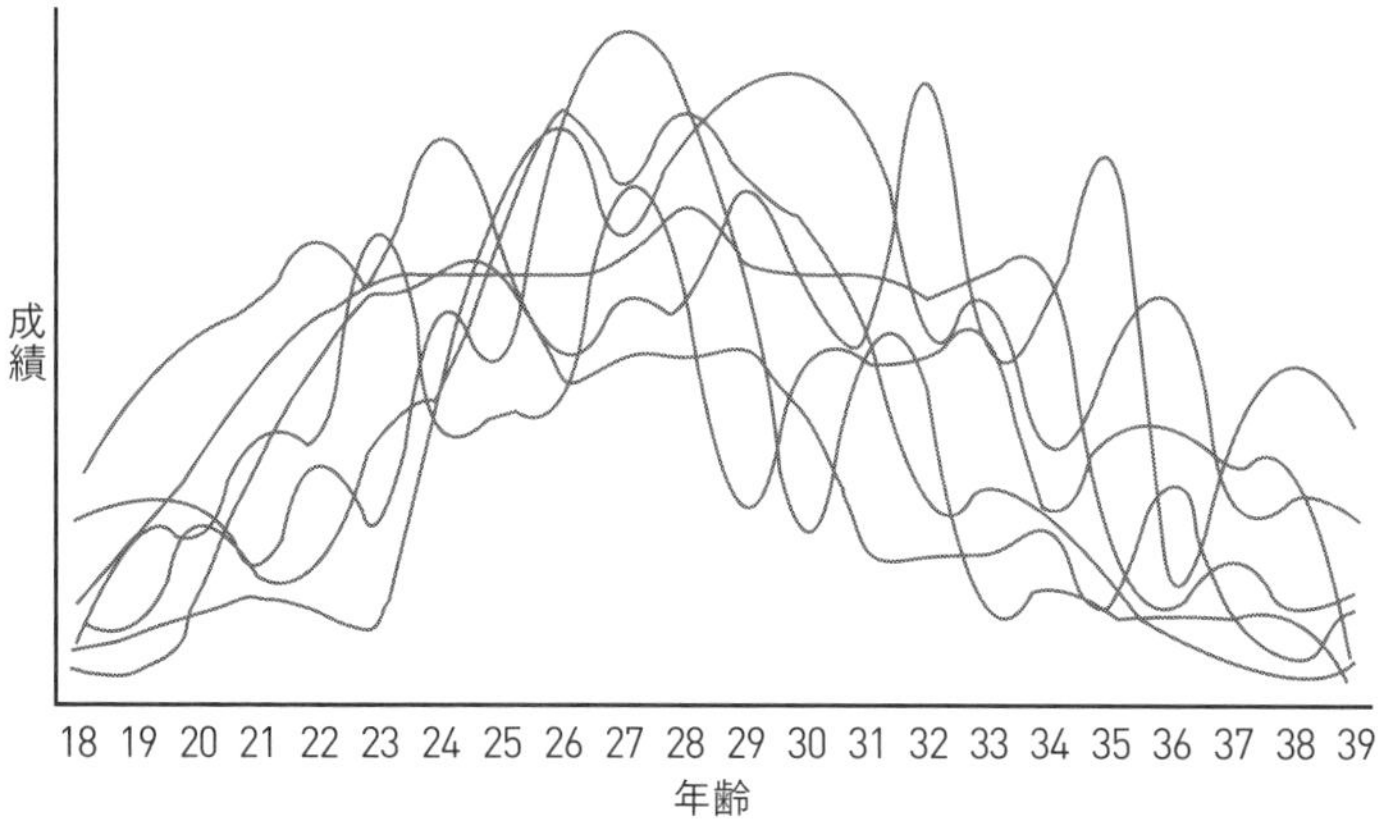

出典：『シグナル ＆ ノイズ　天才データアナリストの「予測学」（＊8）』

たダラス大学のトーマス・ウェスト教授はこう指摘する。

「創造性豊かな人間の多くは、若いとき――平均して20歳より前に自身最高のアイディアを生み出している。**だが、そこから外れたパターンについても真剣に考慮すべきだ**」

そう。統計を取れば「才能の傾向」はあるものの、あくまでも傾向に過ぎない。統計から外れたケースにも、数多くの成功者がいるのだ。

たとえば、19世紀に活躍した物理学者・化学者であるマイケル・ファラデーは「平均から外れたパターン」の典型だ。

ひどく貧しい家庭に生まれたファラデーは、学校教育を受けることもままならず、足し算や引き算といった基礎的な算数くらいしかできなかった。

学問の世界に初めて触れたのは20歳になってからで、近代化学の入門書に感銘を受けた。しかし、特別頭が良いわけではなく、数学はからっきしだった。

それでもファラデーは、数式や理論を何よりも重視する化学研究の世界に飛び込んだ。まわりからは「冗談」にしか思えない存在だったはずだ。

その歩みも天才的とはいえず、30歳で電磁気回転の原理を発見し、40歳で電磁誘導の現象を発見する。そして、磁気光学効果や反磁性を発見したのは54歳のときだった。これらの発見を通じ、50代も後半になってからようやく自身が提唱していた「力の場（Field of force）」について理論的に説明できるようになった。

ファラデーの心の支えは、自己啓発書だったそうだ。学校に行けない代わりに、熱心に自己啓発書を読みふけり、そのモチベーションを保っていたという。*9

「負けた」というノイズを取り払え

このあとも紹介していくが、ファラデーのように平均から外れた成功者は多い。むしろ、エリート街道を突き進んできた成功者の方が少ない。

その意味では本来、**人は一般的な成功パターンに乗っている必要などないのだ。**

挫折しても、軽んじられても、周囲のシグナルを無視し、強固な意志で努力を重ねられた人は大成することができる。

だが、世の中がそうなっていないのは、私たちが「平均」や「出身大学」といったわかりやすい指標を重視してしまうからだ。

スカウトが「エイジング・カーブ」を利用して選手をスカウトするように、名門大学が学生を選ぶときも、企業が新たな人材を探すときも、「望ましいパターン」にはまっている人を探している。

このシステムに従って生きていると、何が起きるだろうか。

たとえば、一流大学に通うことがすべてだと教わってきた子どもが受験に失敗したとする。このとき、子どもは歯を食いしばり、自分はまた羽ばたけると思うだろうか？　否。ほとんどは、「競争に負けた」という思いで頭がいっぱいになってしまうだろう。

システムへの依存が強いほど、挫折感は深まる。そうして数多くの才能が潰れていったというケースを私たちは日常の中で見てきたはずだ。

私たちは、そのような障害となる「ノイズ」をまずは取り払わないといけない。

「悪いシグナル＝ノイズ」を断ち切ることで人はやるべきことに集中できる

不遇のメジャーリーガー、ペドロイアのケース

ハーバードの心理実験「ローゼンタールの手」

私たちは、周囲から発せられる「シグナル」に大きな影響を受けている。そのことがよくわかるこんな報告がある。

ハーバード大学で心理学教授を務めたロバート・ローゼンタールは、サンフランシスコの小学校である実験を行った。

2割の児童を無作為に選び、「この子たちはIQが高い」と言ってそのリストを担任に渡したのだ。するとなぜか、8か月後、その児童たちは他の子たちに比べてテストの平均点が高くなっていたのである。

前述したように、ローゼンタールは特別才能がありそうな子どもを選んだわけではない。無作為なのだ。なのになぜ、そのようなことが起きたのか？

答えはシンプルだ。それは、担任の教師がローゼンタールの「ハーバード大の教授の私が選んだこの子たちを特別だと思いなさい」というシグナルを受け取ったからだ。「優秀に違いない」「優秀にしなければいけない」そんな思いが、児童たちの学力の向上につながったというわけである。

このようにシグナルは、ほんの些細《ささい》なことで人生に大きな影響を与えてしまう。

そして、何より気をつけなければならないのは悪いシグナルだ。**悪いシグナルは「ノイズ」となって、人の判断や行動、あるいは目標設定すら変えてしまう。**

ノイズにどう向き合うか、これが極めて重要な問題なのである。

「お前は本当に選手なのか？」酷評され続けたペドロイアという選手

漁村出身のメジャーリーガー・リベラの話をしたが、もう1人、別の選手の話をさせてほしい。

名をダスティン・ペドロイアという。小柄で、ユニフォームを着れば太鼓腹が目立ち、26歳にして頭髪はほとんど残っていなかった。

その見た目のせいで、警備員に選手証を見せても信じてもらえず、応援の警備員を呼ばれてスタジアムに入れてもらえないことまであったという。[*10]

ペドロイアを初めて見たマイナーリーグの監督は真剣な面持ちでフロントに電話をかけ「うちのチームが選んだのは本当にこの選手なのか？」と聞くほどだった。

「ペドロイアにはメジャーリーグの投手を相手にするほどの力もバット・スピードもない。パワーも足りない。２割６分台の打率をキープできれば使い道もあるが、３塁手やショートになれたとしても控え選手にしかなれないだろう」[*11]

選手の活躍を予測して順位をつけるベースボール・アメリカ誌では、新人選手１００人のうちペドロイアは77位だった。[*12] 球界で無視同然の扱いを受け、監督やコーチからもさんざんな言われようだった。

ところがあるとき、１割５分８厘に落ち込んでいたシーズン打率を一気に３割３分６厘にまで引き上げた。

その後も調子はますます上がり、２００７年にアメリカン・リーグの新人王を獲得、翌年にはアメリカのエリート選手を退けてＭＶＰに選ばれた。２０１３年の契約延長時の契約金は１億ドルにもなったといわれている。

そんなにも実力を秘めた選手であったにもかかわらず、人々はなぜその才能を見つけられなかったのだろうか？

いや、それ以上に、なぜペドロイアは「最悪」といってもいいほどの状況から結果を出すことができたのだろうか？

「悪いシグナル＝ノイズ」を断ち切る才能

ペドロイアには、1つ大きな才能があった。

コーチに「バットの振り方がなっていない」と言われようとも、

「何とでも言ってくれ。おれはバットとボールがあればいい[*13]」

そう言って、まわりの声を一切聞かなかった。そして自分のスタイルを貫き、成績を上げていったのだ。

この「悪いシグナルを無視する」という見えない才能こそが、ペドロイアを大きく飛躍させた要因に他ならない。

そもそも、打者が結果を出すために必要なことは「集中すること」だという。

元メジャーリーガーのテッド・ウィリアムズは、こう語っている。

「打撃は自ら悟るものだ。[*14] 慎重に考えて、状況を把握し、相手について分析しなきゃならない。それに何よりも自分のことをよく知る必要がある。それにはかなりの努力がいる」

つまり**結果を出すには、内面の世界に入り、深く集中することが必要**なのだ。

だが、この集中するということが何より難しい。なぜなら、スポーツの世界では自分の一挙手一投足で年俸や契約の有無が決まり、周囲には口うるさい批評家・記者の声もある。ＳＮＳを見れば、自分への非難などすぐ見つかる。

そんな声が「悪いシグナル＝ノイズ」となり、集中を乱すのだ。

ところがペドロイアは、そのようなノイズには一切振り回されなかった。

ボストン・レッドソックスの選手の中で、誰よりも早くスタジアム入りし、酒も飲まなければ野球以外の趣味もなかった。

誰の言うことも聞かず、その代わりにひたすら1つのことに取り組む。バットを大きく、力いっぱい振り続けた。[*15]それこそが、ペドロイアが大成できた理由である。

その証拠に、ペドロイアは自身の契約金にすら関心を持たなかった。

ＭＶＰ受賞直後、提示された４０５０万ドルの契約書に黙ってサインすると、残りの練習メニューをこなしにさっさとスタジアムに戻ってしまった。あまりにも淡々とした様子に、業界の人間は皆面食らった。

一般に年俸交渉は長期にわたり駆け引きを行うものだが、ペドロイアからすれば交渉とは集中を削《そ》ぐものでしかなかった。[*16]

MVPになり、記者から「スーパースター誕生の秘訣《ひけつ》は何か」と聞かれたときには、

「あんたに何がわかる？ 数字だとか統計だとか、そんなものは気にかけたこともない。おれが気にするのは勝利（Win）の〝W〟と敗北（Lose）の〝L〟だけだ。それ以外はどうでもいいんだ」*17

と落ち着き払った様子ではっきりと答えた。

自分の中の優先順位がはっきりしていれば、ノイズに惑わされることはない。

彼の目に映っていたのはいつでも野球のボールとバットだけだった。誰もが羨むような大金を手にした翌日もペドロイアはいつもと同じように、皆が眠りにつく中で1人、朝5時には練習用のバットを振っていた。

2 章

シグナルの力

シグナルを断ち切るのは、
貧困や遺伝子を変えるよりも現実的だ。

悲劇のシグナルを良いシグナルに変える

劣等生キッシンジャーはなぜ変わったのか？

アメリカ政治の重鎮もまた、「平均以下」の子どもであった

人生にはシグナルが関係しているとお伝えしているが、この章では、さらに「シグナルの持つ力」について伝えていきたい。

歴史上には、「生まれてからずっと天才」という人もいるにはいるが、99％の場合、そうではない。その人を知るクラスメイトが、「あいつ、そんなにすごいやつだったっけ？」と言うような、何かをきっかけに急に飛躍するような人物の方が多いものだ。

「キッシンジャー外交」という言葉が生まれるほど、世界の外交で重要な役割を果たしてきたヘンリー・キッシンジャーもその１人である。１００歳に近い年齢で２０２０年現在

もなお現役で活躍しているキッシンジャーであるが、もともとはごく平凡な子どもであったという。

「ヒトラーがいなかったら、父と同じように平凡な学校の先生になっていただろう」[*1]とキッシンジャー自身が言うように、キッシンジャーが生まれたのは、ヒトラーが第2次世界大戦で世界を恐怖に陥れつつあったドイツである。

父は教師で、時には鞭《むち》をふるう厳格な教育方針だったが、当時としてはごく一般的な家庭だった。唯一の不運は、キッシンジャー一家がユダヤ人だったことだ。

キッシンジャーが生まれた年、ドイツの政治家ユリウス・ストライヒャーは彼を含むすべてのユダヤ人を「バイ菌ども」と呼んだ。[*2]

ユダヤ人は、プールやカフェ、遊園地などへの立ち入りが禁止されていた。[*3]

しかし、そんな状況でも子どもとは天真爛漫《らんまん》なもので、キッシンジャーはサッカーと女の子に夢中だった。[*4] 大の学校嫌いで、成績は「目も当てられない」ものだった。

だからといってサッカーで飛び抜けた才能を発揮したわけでもなく、どこにでもいるような「勉強しない後ろの席の子ども」というのが担任たちの評価だ。[*5] 卒業時の成績はほぼ全科目Cで、明らかに平均以下であった。

だが、キッシンジャーが高校生になろうという頃、ヒトラーの影響力はいよいよ高まり、ユダヤ人を一掃せよという圧力に満ちていた。

キッシンジャー一家はアメリカへの逃亡を試み、命からがらニューヨークへ逃げ出すことに成功した。逃げられなかった親戚は、毒ガス室に送られた。

怯《おび》えて威厳を失った父、孤独を貫くキッシンジャー

なんとか逃げ延び、ジョージ・ワシントン高校に入ったキッシンジャーだが、大きな問題があった。「言葉」である。さんざんな成績を残してきたキッシンジャーであるが、中でも英語は最も苦手としている科目だった。

それなのに、あろうことか行き着いた先はドイツ語で英語を教える親切なクラスではなく、ニューヨークの中心地だ。アルファベットもままならないのに、スラングや複雑なアクセントが飛び交う街である。

家族はこの環境に戸惑った。中でも、父親は自身の訛《なま》りが露呈することや言葉が聞き取れないことを恐れ、閉じこもってしまった。[*6]

母親が1人で家計を支え、キッシンジャーも昼間は工場で働き、そのあとに制服を着て教科書を開く毎日。言葉もわからず、勉強もわからない。そのまま工場で働き続ける未来が待っていた可能性もある。

しかしキッシンジャーは、そうはならなかった。

キッシンジャーは髭剃《ひげそ》り用のブラシを作る工場で、大きなゴム手袋をはめたまま、悪臭

漂うブラシを絞る仕事を任されていた。

11ドルだった賃金が30ドルにまで上がるほど工場労働がよく似合う働き手になっていたが、彼の仕事を監督していたアレン・アッシャーは、違う見方をしていた。

「あの子はここで働いていても、いつも心ここにあらずという感じだったね。暇さえあれば教科書を取り出して読んで、夜間学校の勉強をしていたよ」*7

「そんなことをして何になるというのか？」そう聞かれても、キッシンジャーは答えなかった。まわりの人間を寄せつけず、1人ずっと教科書を読んで、多くの学生がやめてしまう勉強を静かに続けていた。

クラスメイトも、当時のキッシンジャーを「冷たくて近寄りがたい人間だった」と記憶している。ルームメイトは「彼はいつも孤独だった」と語り、「彼は人見知りで女の手も握ったことのない奥手な人間だ」と揶揄《やゆ》する者もいた。*8

つい数か月前まではサッカーに夢中で、誰よりも女子にモテていたキッシンジャーである。なぜ、そんなにも変わってしまったのだろうか？

シグナルを断ち切り、ハーバードの首席に

実は、キッシンジャーは変わったのではない。集中していたのだ。授業で先生の言葉を聞き取れるように、内容をものにできるように、それだけに全神経を集中させた。その他のことは目にも耳にも入らなかった。

そんな彼の姿について、軍隊時代の先輩フリッツ・クレーマーはこう語る。

「キッシンジャーは、自分のすべてともいえる世界が跡形もなく崩れ去るのをその目で見ました。どんなものも、あっけなく無意味なものに変わってしまうということを幼くして学んだんです。それなら、残るものは何か？　キッシンジャーには手堅いハーバードという学歴が必要でした。それだけです*9」

高校1年生で英語もできない平均以下の外国人生徒が、アメリカにやって来てハーバードを目指した。それだけに集中し、他のシグナルはすべて無視した。

そうしてすべてを断ち切った3年後には、ハーバード大学が喉から手が出るほど欲しくなるような逸材になっていた。

目論見《もくろみ》通りハーバードに進学したキッシンジャーは、ハーバードでも変わり者として有

名だった。彼の一日は相変わらず勉強に始まり、勉強に終わっていた。

彼は勉強以外のすべてを断ち切っていた。大学最後の卒業論文は、学内のすべての学生と教授を驚かせるほどの大作となった。それは実に377ページもの分量があった。いくらハーバードでも、これほどの分量の論文を書いた学生はいない。そしてキッシンジャーは、その年の「ハーバード最優秀卒業生」に選ばれた。[*10]

ハーバードを首席で卒業したキッシンジャーはその後、アメリカを牛耳るほどの地位にまで昇った。

国家安全保障問題担当大統領補佐官と国務長官は、通常別々の2人の官僚が担当するが、キッシンジャーはこの2つを交互に担当しながら、事実上アメリカ唯一の外交チャネルとして活躍し、数々の問題を解決してきた。

興味深いのは、当時のどんなユダヤ人も、どんなハーバード大生も、キッシンジャーほどの歴史に名を残すような何かを生み出すことはできなかったという点だ。

人気者だった1人の普通の少年が孤独に身を置いてすべてを断ち切り、本質を勉強に求めるや、[*11]誰もが忘れることのできない功績を残した。

「自分のいた世界が突然奪われる」という経験は悲劇であったが、キッシンジャーはこの悲劇のシグナルに打ち勝ち、やるべきことを見出し、良いシグナルへと転換したのだ。

キッシンジャーを飛躍させた2つの要因

このようにキッシンジャーを大きく飛躍させた要因は、2つである。

1つ、悪いシグナルを断ち切り、やるべきことに集中したこと
2つ、誰よりも長くやるべきことに集中したこと

心理学者のゲーリー・マクファーソンは、楽器を習う子どもたちに「新しく別の楽器を習うとしたら、自分はどれくらいの期間続けると思うか？」と尋ねた。

この結果、「長期間続ける」意欲を示した子どもの方が、短期間だけ習うと答えた子どもよりも、演奏の実力が実に4倍も上だということがわかった。この結果に「もともとの才能」は関係なかったという。

マクファーソンは「長期間続けると答えた子たちはとても早い時期に、どこかで自分のことを音楽家として決定づける経験をしている」のだろうと結論づけている。[*12]

同様のことは最近の神経科学の研究でも言われており、「意欲的に行う練習」には科学的な効果があることが判明している。脳というのは柔軟で、その意欲が練習につながるのだという。**目的を持って長く続けるということが、飛躍の秘訣なのである。**

学力における生まれ育った環境の差は、覆すことができるのか？

心理学者スティールの反論

キッシンジャーのケースをお伝えしたが、彼のように非エリート家系の人間がエリートを超えるほどの実力をつけることは可能なのだろうか？

ここでは、世界有数の心理学者の研究を引き合いに、シグナルと環境との関係について見ていきたいと思う。

人は、意思ではなく環境によって動く

イェール大学の心理学教授リチャード・ニスベットは、親の階級と子どもの学力を研究した。注目したのは、「語彙」の量である。言葉は思考力を育む重要な要素として知られており、語彙力はその重要な要素である。

専門職の親は子どもに対して1時間あたり2000語を使うのに対し、労働者階級の親が使うのは1300語だとわかった。子どもが3歳になる頃には、専門職の親を持つ子は3000万語に触れるのに対し、労働者階級出身の子が接する語は2000万語にも満たない。

3歳の時点で子どもたちには大きな学習量の差が生まれることがわかる。

関連して、パリウエストナンテール大学（現パリ・ナンテール大学）のパトリック・ゴスリンは、教師が生徒をどのように判断するか研究をしている。

この結果、「成績が悪い」場合にはその理由を主に家庭環境に見出すのに対して、「成績が良い」場合には教師の能力によるものだと考えていることがわかった。

つまり、成績が悪ければ家庭のせい、成績が良ければ自分たちのおかげ、というわけである。多かれ少なかれ、このような傾向は世界中で見られるはずだ。

優越感の魔力

さらに、環境と学力についてはもう1つこんな問題もある。

ハーバード大学のマーガレット・シィは「優越感」を題材にした研究を行った。

学生にテストを受けさせるのだが、上位の学生には成績に関する肯定的な評価をしないようにした。つまり、良い成績を取っても特別扱いしないようにしたのだ。

すると、上位の学生たちが「難しい問題」を解いた際の成績が明らかに下がった。一方で、成績が中位程度の学生と競わせると、上位の学生の成績は目に見えて上がった。[*13]

この実験では、あからさまに優越感をくすぐるよりも、さりげなくくすぐる方が有意に成績の伸びが見られた。[*14] まるで特権を楽しむかのように彼らの成績は向上したが、いざその燃料が切れると、急激に成績は落ち込み始めた。[*15] この傾向はどの科目にも見られた。

環境のシグナルを断ち切れ

ここまで読むと、学力の優劣とは生まれ育った環境である程度決まり、そして、一度決まった「序列」を覆すのは難しいのでは、という気分になってくる。

社会は成績上位の者を優遇するし、成績上位の者は優越感によって実力をさらに伸ばしていく。一方、それ以外の子どもは「自分はできない」「平凡である」という否定的なシグナルを受け取り続け、その通りの人生を歩んでしまう。もはやそれは逃れられない運命なのではないかと絶望的な気分になるかもしれない。

しかし、安心してほしい。そのような悪いシグナルは、必ず断ち切ることができる。

スタンフォード大学の心理学者クロード・スティールは、こんな研究をしている。スティールの研究チームは、成績が中位程度の学生を3つのグループに分けた。

1.「上位の学生と成績が比較される」と伝えるグループ
2.比較することを伝えないグループ
3.比較することを伝えず、さらに「勉強とは自分の力を伸ばす経験だ」という肯定的なメッセージを伝えるグループ

この3グループの成績にどのような違いが生まれただろうか？

結果、2と3のグループは以前に比べ成績が2倍に伸びた。[*16] 中でも、3のグループの学生たちは時間が経つほどに成績が伸びていった。[*17]

この3グループは、言い換えると、1「否定的なシグナルを受け取るグループ」、2「否定的なシグナルを受け取らないグループ」、3「肯定的なシグナルを受け取るグループ」に分けられる。

そして、肯定的なシグナルを受け取るグループほど、どんどん成績が良くなる好循環に入ることができた、というわけである。

スティールは、次のように述べている。

「環境のシグナルを断ち切るのは、貧困や遺伝子を変えるよりも現実的だ。その点で明らかな利点がある[*18]」

テストの成績が悪い学生、落ちこぼれてしまう学生というのは、「家庭のせい」「才能がない」「努力が足りない」というわけではない。

それ以前に、「否定的なシグナル」を受け取っているかどうかが極めて重要になってくる。「自分はできない」「平凡だ」というノイズのようなシグナルを受け取り続けていると、その考えが繰り返し刷り込まれていく。

事実、成績の悪い学生は上位の学生と同じ行動はしない。難しい問題を意欲的に解こうとはせず、自分には解けないとすぐにあきらめてしまう。悪循環に陥っているのだ。

一方で、「自分は必ずできる」と良いシグナルを信じている学生は、難しいことにも果敢にチャレンジし、肯定的に物事にあたっていける。どのようなシグナルを信じるかで結果が180度変わってくるのである。

今いる場所が自分のすべてではない

社会心理学者のローラン・ベーグは「自分自身に対する考えはかなりの部分を他人の判断に依存」していると指摘する。スティールが証明したのは、この誤った判断を断ち切ることの大切さである。

まずは、悪いシグナル＝ノイズを断ち切ろう。

キーワードは、「今いる場所が自分のすべてではない」ということだ。

そして、そのことを信じるのだ。

心理学者のアン・クリスティン・ポステンは、環境のシグナルというのは私たちがそれを信じたときにだけ影響を及ぼすという事実を明らかにしている。

曰《いわ》く、環境に潜むすべてのシグナルは、それを受け取る側が自分に送られたシグナルだと考えたときにだけ影響を与えるという。*[19]

否定的なシグナルでも、自分に向けられたものだと認識しなければ、個人には何の効果もないことがはっきりしている。*[20]

基本的に人間は社会のシステムを信頼するように刷り込まれて育っている。*[21]

だが、今はその**シグナルを受け入れることも、拒絶することも自由**であることを思い出してほしい。それが、あらゆる環境から抜け出すための第一歩である。

天才たちの「再起」の仕方

数学者ジョン・コンウェイのケース

努力を忘れた神童の末路

誰にとってもそうであるように、人生とは自分の都合のいいようにはいかないものだ。スランプや挫折、失敗がつきものである。

ここまで述べてきた「悪いシグナルを断ち切る」ことは、「どん底」から再起するときにも大きな威力を発揮する。

これまでの例とは対象的に、幼少期から神童と呼ばれて才能を開花させている人を見てみよう。

イギリスのリバプールに、数学界を制するために生まれてきたような1人の少年がいた。母親は、4歳の頃から九九の代わりに2の累乗を暗唱する息子を不思議そうに見つめた。11歳にもなると、少年の将来の夢は「世界的な数学者」だったという。[*22]

彼の名前は、ジョン・コンウェイといった。

天才として知られていた彼は、試験の点数が新聞に大きく掲載されるほど有名だった。[*23]

大学は選び放題で、最終的に選んだのはケンブリッジ大学だった。

ところが、神童の快進撃はここまでだった。

コンウェイは、他の学生たちにどんどん追い抜かされていった。他の学生たちが日々夜遅くまで死にものぐるいで勉強を続ける中、コンウェイはゲームをして夜を明かすことも多かった。つまり、才能を磨かなかったのだ。

1964年にケンブリッジを卒業する際、就職活動をしようとして初めて、履歴書に書けるようなことがないことに気づく。彼には大学時代に一生懸命取り組んだことが何もなかった。未来の「世界的な数学者」は、どこに行ってしまったのか？

そんな折、コンウェイは道で偶然大学の教授に出くわす。教授はコンウェイに尋ねた。


「そうだ、就職活動は上手《うま》くやれてるかい？」

「ええと、いいえ。何もしていないんです、教授」

「うちの大学でも公募している職がいくつかあるにはあるが、そこに応募してみたらどうだね？」

「どうすればいいのですか?」
「応募書類を書けばいい」
「何もしてないのに、何と書けばいいのでしょう?」

教授はかつての神童を哀れに思った。[*24] 彼は書類かばんからペンと紙を取り出すと、コンウェイのために応募書類を代わりに書いてやった。コンウェイはそうして助教として働くことになる。

元天才、家に引きこもる

しかしコンウェイは、就職が決まるとさらにゲームに夢中になり、時間と情熱を無駄に費やしていた。だからといってのんきに構えていたわけではない。ゲームをして現実逃避の心地よさを味わいながらも、内心、自分の生まれ持った数学の才能がこのまま涸《か》れてしまうのではないかという恐れもあった。

「すごく気持ちが塞《ふさ》いだよ。本当に重要な数学の研究もせずに、自分は何をしているんだと、ふと思ったんだ。論文の1つも発表したことがなかったし、後ろめたさでいっぱいだった[*25]」

コンウェイは自らの心が発する否定的なシグナルにとらわれた。彼が主導する数学のプロジェクトはどれも進まず、4人の子どもを養う生活費を工面するためだけに大学で講義をする日が続いた。[*26]

そんな折、1966年にコンウェイは当時の数学界で最も話題となっていたリーチ格子理論に出合う。その理論には、重要な要素がまだいくつか足りていなかった。

運命的なものを感じたコンウェイはリーチの理論にすぐに没頭し、協力に名乗りを上げた。[*27] そして、確信に満ちた様子で妻に言った。

「絶対に解いてみせる。そしたらきっと、僕はまた有名人だ。誰にも邪魔されたくないから、もし誰か来たら上手くあしらって追い返してくれ[*28]」

そしてコンウェイは、孤独な作業に打ち込むため、自ら扉の鍵を閉めた。まわりの嘲笑もまったく気にせず、大きな紙の上にせわしなく数式を書き連ねていった。極限まで集中し、没入したのだ。

良いシグナルを思い出す

その部屋で奇跡が起きたのは、幾日も過ぎたある日の夕方だった。

「この大きさは、4157776806543360000だ。それか倍の大きさの可能性もある[29]」

誰もが求めてやまなかった答えが見つかったのだ。コンウェイは震える声でケンブリッジ大学のトンプソンに電話をかけ、彼らは、正確な答えは倍の大きさだということを発見した。

学界の主流からはじき出され、自らも自分の才能は尽きたと身に沁《し》みて感じていた中で、コンウェイは世界的な数学者たちを驚かせる発見をした。それも、自分の家の小さな部屋に自ら鍵をかけて——。

コンウェイはこの発見を機に、堰《せき》を切ったように世界的な研究結果を相次いで発表し始める。ほんの数か月前には、手がけていたプロジェクトすら進められず、悲観してゲームの世界に現実逃避していた男の人生が動き始めたのだ。

それから数十年にわたって世界的な研究結果をいくつも発表し、アイザック・ニュートンやアルバート・アインシュタイン、アラン・チューリングとともに世界的な学者としてロンドン王立協会のフェローに選ばれることになる[30]。

コンウェイもまた、悪いシグナルに侵され、自信を喪失しかけていたが、悪いシグナル

を自らの意志で断ち切った。そして、

「自分はこれが得意だ」

このシグナルを思い出したのだ。

このように、良いシグナルに従順になると、物事は好循環に入る。才能はより磨かれ、努力は実るようになる。

今、自身がどのようなシグナルを受けているのか、敏感になってみてほしい。悪いものであれば断ち切り、良いものであれば、とことん信じるのだ。

強い圧力を受ける中でも幸福を見出す力

科学者マリー・キュリーのケース

「自分自身をないがしろにしない」

歴史上、女性の偉人は少ない。なぜだろうか?

答えは、「現代ほど優秀な女性がいなかったから」ではない。女性の活躍が許されないほどに、社会は男性優位だったからだ。「女性が偉大になるなどあり得ない」。そんな社会のシグナルを断ち切った女性の話をしよう。

彼女の名は、マリー・キュリー。女性で初のノーベル賞受賞者となった偉人であり、放射能分野の先駆者として、歴代の偉人が眠るパリのパンテオン神殿に女性で初めて埋葬された人物である。

ポーランド出身のキュリーは、教師の親を持つだけあって非情に頭脳明晰《めいせき》だった。だが、家庭はひどく貧しかった。

この時代、貧しい家に生まれた賢い娘は、裕福な家の家庭教師になるのが王道だった。キュリーの場合は、悔しさを堪《こら》えながら家庭教師をしていた。「こんなことをしていても何の役にも立たない」と何度も考えた。女性というだけで、可能性の扉が閉ざされてしまうなんて。キュリーは、大学で勉強をしたかったのだ。

しかしながら、1880年代のヨーロッパで女性が大学に進学するというのは、もの笑いの種だった。進学したとしたら、それはその家庭が普通じゃないか、男性のマネをしているのだと思われた。

当時の多くの先進国が女性の大学入学定員を「0」としていた。だが、フランスだけはごく一部を例外的に受け入れていた。

キュリーは、そのチャンスにかけ、すべてを捨ててパリに行くことを決めた。「まるで悪夢から抜け出していくような気分だった」と日記に心情を記したキュリーは、続けて1字1字を刻むようにして決意の言葉を記した。

「原則1。まわりの人や状況に負けて自分自身をないがしろにしない」

学問以外のことは、すべて断ち切る

キュリーが新入生として大学に入ったのは23歳だ。他の学生が卒業を迎える年齢である。自分が他人に後れを取っていることはわかっていた。だからこそ、最初の原則を心に刻んだ。「まわりの人や状況に負けて自分自身をないがしろにしない」

キュリーは初め、実の姉の家に居候していた。姉はフランス人の裕福な事業家と結婚し経済的に不自由なく暮らしており、姉夫婦は、キュリーをかいがいしく世話してくれた。だが、その優しさを逆に負担に感じるようになったキュリーは、自ら安い下宿先を探して住むことにした。キュリーは当時の心境をこう書いている。

「そうしないと勉強に好きなだけ集中できないと思ったからだ。パリの狭い部屋で勉強することにも少しずつ慣れていった。こういった暮らしは、見方によってはつらいと思われるが、私にとっては自由と自立を実感させてくれたとても貴重な経験だった」

そして、キュリーはますます学問に打ち込むことになる。

キュリーが進学したソルボンヌ大学は、9000人の優れた名門家庭出身の男子学生でその定員が埋まり、約200人の一部の女子学生が飾りのように花を添えていた。[*31] その女子学生のほとんどは、結婚とともに教科書を閉じるつもりでいた。

しかし、そんなことには我関せず、キュリーは男子学生よりも熱心に講義と実験に打ち込んだ。科学以外のすべてを断ち切っていた。

「科学には偉大な美しさがある。研究室の科学者は単なる技術者ではなく、童話を読んで心躍らせる子どもと同じ。自然現象にときめいているのだ*32」

不幸にも見える環境で得た「真の幸福」とは

人より遅れて大学に進学したため、初めは大変だったが、キュリーは恋に落ちたように科学を学び、すぐにその優秀さで困難を乗り越えた。なんと9000人の男子学生を押さえ、トップに立ったのだ。

ところが、社会はその活躍を認めなかった。

「女性が勉強するというのは、刺繍《ししゅう》をするようなもの。試験をすれば、彼女たちは学んだことを事細かに思い出すことができる。まるで自分たちの刺した1針1針を覚えているかのように。だが実際は、それらの意味をまるでわかっていない。バカの丸覚えに過ぎないのだ*33」

このようなことを言われる始末である。

だが、キュリーはそのような中傷に屈することなく学び続ける。彼女が選んだのは、肉眼では確認できない放射能の研究だった。

3年間徹底して研究し、あるときピッチブレンドから精製されたラジウムのサンプルをもう少しで抽出できそうなところまで至ったものの、キュリーは研究環境に恵まれていなかった。

科学者のヴィルヘルム・オストヴァルトは、キュリーの研究室を見て「まるで畜舎やジャガイモ貯蔵庫のようで、実験装置があるのを見なかったら、噓《うそ》をついているのだと思うほどだ」と驚いた。物理学者のアーネスト・ラザフォードは「あまりの狭さに、見るに忍びない」と言った。

キュリー自身も「もっと施設が良ければ、ラジウムの分離を1年くらい早く成功させていただろう」と認めている。しかし、私たちが注目すべきは、キュリーの次の言葉だ。

「それでもこのみすぼらしい物置部屋みたいな場所で、私は研究にすべてを捧《ささ》げ、人生で最高に幸せな時間を過ごした」

彼女は薬品を入れた瓶やカプセルが光り輝く様子を見て、子どものように心躍らせていたのだ。

キュリーはその後、ラジウムの分離に成功し、ノーベル賞を2度も受賞する最初の女性科学者となった。

そこに至るまでに不安はなかったのだろうか？　彼女は淡々と語る。

「恐れるものなど何もありません。理解すべきものがあるだけです。今はもっと多くのことを理解すべきときです。そうやって恐れをなくしていかなければなりません」[*34]

1つの目的のためにすべてを断ち切るということは、恐ろしいことのように思えるかもしれない。しかし、そうではない。逆なのだ。

恐れを生み出すシグナルを断ち切り、自分の夢の最大の本質に迫るとき、私たちは真に自分の実力を発揮することができる。その時間は何よりも幸福であり、心は不安になるどころか、安らぎを覚えるだろう。それはその先の人生の大きな糧となるのだ。

3章

暗闇で灯《とも》った才能の光

最も革新的な発見は
どのように生み出されるのか？

ノイズを断つことで得られる「ディテールの能力」とは

数字の天才ジェデダイア・バックストンのケース

この有名絵画を、どう解釈する？

突然だが、少しの間、次のページの絵を眺めてほしい。フランスのバロック時代の画家ジョルジュ・ド・ラ・トゥールの『ダイヤのエースを持ついかさま師』だ。

3人の男女がカード遊びに興じる中、侍女がワイングラスを用意している。テーブルを囲み、左右と正面奥に1人ずつ、計3人が座っており、手前の席が空いている。

この席は美術の画法で、観客のための席だ。画家は絵を観る私たちをカード遊びに誘うべく、あえて1つ席を空けているのである。ラ・トゥールが意図したように、私たちがその席に着いて彼らの様子を見守っていると思ってほしい。

ジョルジュ・ド・ラ・トゥール『ダイヤのエースを持ついかさま師』

この絵を観たときに、多くの人は描かれている4人の心理を読み解こうとし、その背景にあるドラマチックなストーリーを思い浮かべる。

左側に座る男の背中に隠されたカードは、この男がいかさまをしていることを示している。

真ん中に座っている婦人と隣に立つ侍女は、2人とも横目で男を見ている。

観客はこれを見て、この女たちが男のいかさまに気づいていると推測する。

いや、それともこの3人は皆いかさま師かもしれない。

それに対して右側の青年は、いかさまに気づいていない顔つきだ。彼はこのまま騙《だま》されてしまうのだろうか？

4人の視線はそれぞれ違う方向を向いている。彼らの視線が交わらないのは、それぞれの心理がばらばらであることをあらわすシグナルだ。私たちは、そのシグナルを読み取ることができる。

だが、誰もが同じようにこの絵を鑑賞をするわけではない。

重度の自閉症のA・Cという少女の事例を紹介しよう。A・Cは私たちが今しがた観た絵の解説と考察を読み、こんな感想を持ったという。

「私は1時間くらいこの絵を眺めていました。画家が使用した絵の具、なめらかな筆質、それに絵のレベルや人物が着ている服の繊維の質感の再現具合を観る限り、きっと当時の経済はとても発展していたのだろうと思います。

もちろん、この絵で一番大切なのは、高度なリアリズムと画家の技術です。

ただ、解説を読んだのですが……いったいこれは何なんですか？　〝健常者〟なら真っ先に思い浮かべるという三流ドラマ。この人は騙して、あの人は知っていて、また別の人は知らなくて——などなど。頭がどうかしてますね！」[*1]

私たちが絵を観て感じることと、彼女が感じることはまったく違う。

心理描写やドラマなどには一切目がいかず、意識がいくのは、なめらかな筆質、高度なリアリズムと画家の技術である。

1つの絵画を渡して10時間放っておいても、作品から目も離さずにそこに隠れたすべてを10時間ずっとその場で解釈し続ける。

そんな自分を友人がどんなふうに見つめているのか、約束の時間が何時だったのか、この前の試験で自分が何点取ったのかというようなことにはまったく意識がいかない。作品以外のことは何も入ってこないのだ。

彼らに関する研究が増えているのは、知能が5歳児程度の場合でも、一部には暗記、計算、音楽、美術、機械、修理の分野で信じられないほどに天才的な才能を発揮する者がいるからだ。

自分の名前は書けないが、天文学的数字の暗算ができる男

自閉症児について50年間研究してきた医学の権威ダロルド・トレファート教授は、ジェデダイア・バックストンという天才について紹介している。

「バックストンは、学校では最後まで評価されることなく、彼のＩＱは小学生以上には上がらなかった。しかし私を驚かせたのは、世の中のことにはまったく関心を示さない、こういったタイプの子どもが数学の世界に没頭する姿だった。彼らの脳は数字で埋め尽くされていた[*2]」

バックストンは、自分の名前すら書けなかった。どの教育システムにおいても、バックストンは弾かれてしまう存在だ。

しかし、数学においては特殊な才能を発揮する。たとえば、あなたはこの式を暗算できるだろうか？

89×73

2桁同士の掛け算ともなると、暗算できる人は限られてくるだろう。

では、バックストンはこれをどのように計算するだろうか？

彼は89という数字と73という数字を次のように分解する。


（80×70）＋（80×3）＋（9×70）＋（9×3）[*3]

かなり複雑に見えるプロセスだが、バックストンはこれを1秒もかからずに「6497」という答えを出すことができる。もちろん、彼の能力はこんなものではない。

「231457892と、564427322と、549965と、288。これらの数字を全部かけて8で割る計算を暗算せよ」

どうだろうか？　もちろん私は試しもしなかったし、この本を読んでいるあなたも試す必要はない。

バックストンの場合は、明るい笑顔を浮かべて5時間もの間きっちりと計算し続けた。この計算の答えは、一般の電卓では表示しきれない21桁の数字になる。[*4]

あるとき、バックストンは世界的なオペラの華麗な舞台を鑑賞する最高の座席に招待された。鑑賞後、バックストンに俳優の演技力について聞いてみると、笑顔でこんな答えが返ってきた。

「ゲーリックは合計1万4445個の単語を言って、5202回ステップを踏んでいましたよ？[*5]」

バックストンが観ていたのは、主演俳優の演技ではなかった。台詞《せりふ》とステップの数をずっと興味深そうに数えていたのだった。[*6]

このようなバックストンの事例がイギリスの王立協会に初めて報告されると、学者たちは彼の能力に大いに注目した。

ノイズを受け取らないことで発揮される3つの能力

２００９年に発表された調査報告書によると、バックストンやA・Cのような人々には、大きく3つの特徴があるとされている。

まず1つは、世の中の出来事を記憶するのに必要な、精神的・時間的負担を感じないことである。これはつまり、「悪いシグナル＝ノイズ」の影響を一切受けないということだ。だからその分、得意な分野の才能の開花につながりやすい。

２つ目は、「他者の気持ちを推し量ることが難しい」という面だが、これは彼らの独創性を伸ばすことにつながっているという。一般に、人間は成長するにつれてまわりの大人や友人の顔色を窺《うかが》い、観察をするようになる。

子どもは学校で勉強だけしているわけではない。今日も友人に嫌われないか、制服が乱れていないか、自分の成績は何位くらいなのか、あの先生は自分をどう思っているのか、ガリ勉に見えすぎていないか――様々な考えが頭の中をぐるぐると巡り、まわりの環境がひっきりなしにあらゆるシグナルを送ってくる。

このように私たちは他者が何を考えているのか、どんな考えが正しく、どんな考えが流行っているのか、自分や自分の作品がどう見えているのかを気にするようになる。

時にそれらは「ノイズ」でしかない。それによって、独創性が失われていくのだが、バックストンのような人々にはそれがないのだ。

そして3つ目は、「暗黙的学習（implicit learning）」である。1つのことに、非常に深く没入することができるのだ。[*7]

こうした特性が、彼らの類《たぐい》まれなる才能を引き出していると考えられている。

もちろん、良いことばかりではない。

「世間では、細部よりも全体を把握することの方が有利な場合が多い[*8]」と、自閉症を研究するネイサン・ヒューズも認めている。

だが、これからの時代の産業にはむしろ、細部にこだわる才能こそが重要だという指摘もある。

事実、スマートフォンや自動車技術など、第四次産業革命の中心にあるシリコンバレーでは、自閉症傾向のあるユニークな人材が、通常の人材の3倍にも急増しているのだ。

世界で最も影響力のある100人に選ばれたテンプル・グランディン教授もまた、同じような指摘をしている。


「ディテールにこだわる人材がいなかったら、一番基本的な携帯電話すら未《いま》だに開発できていなかっただろう[*9]」

科学者たちは、知能について新たな議論を始めている。技術はますます高度になり、あらゆるものが1つに集約される今、「なんでもそこそこ優秀にできる人材」よりも、「一つの分野のディテールに卓越した人材」が求められているのだ。

「一点集中」に宿る力

恐竜に魅せられた2人の少年

8歳にして、夢を決めた少年

自閉症のバックストンの例を紹介したが、私たちも彼らのようにまわりのシグナルを強制的に遮断し、1つのものだけに集中することは可能なのだろうか？

この問いの答えを探るべく、2人の対象的な生物学者を紹介しよう。

まず紹介するのは、ロバート・バッカーだ。長いひげにカウボーイハットがお決まりの古生物学者で、ハーバード大学のスター教授である。彼なくしては、古生物学分野の100年間が無に帰すだろう。

平凡なエンジニアの父と専業主婦の母を持つバッカーは、両親に連れられて8歳のときにニューヨークの自然史博物館を偶然訪れた。大型恐竜の骨の模型を目にし、その場で古生物学に人生を捧げようと心に決めた。*10

その後、ハーバード大学ではなくイェール大学に進学することにしたのは、成績のせいではなく、アメリカで「最もイケてる恐竜博物館」と研究陣に惹《ひ》かれたからだった。イェール大学卒業後には、ハーバード大学で博士課程を修了している。

生まれながらの天才が8歳で生涯の夢を見つけ、10年以上も1つの道に突き進んできたわけだが、彼が古生物学の歴史を根底から覆すきっかけとなったのは、ティラノサウルスについてのある発見だ。

基本的に古生物学は、現代で最も難しい学問に数えられる。発見が難しいうえに、恐竜の体の肉と皮はすべて失われ、残されたのは骨片だけである。この限られた情報をもとに真実に迫っていかなければならない。

事実、バッカーが登場するまで、学者たちは姿形が似ている爬《は》虫類《ちゅうるい》を恐竜の縮小版として仮定し、トカゲのように外の気温に敏感に反応するノロマな動物として恐竜を教科書に描いていた。*11

このシグナルはあまりにも根深く、恐竜の巨体が実際にはどんな姿だったのか、正しく追究した学者は誰もいなかった。

「骨だけ」に集中して得られた世紀の発見

このシグナルを打ち破ったのがバッカーである。

バッカーがそれまでの学者と違ったのは、シグナルを無視してティラノサウルスの骨にだけ一点集中したことだ。

そして、興味深いものを発見する。骨に多くの血管があることに気づいたのだ。これは、ティラノサウルスが高い代謝を持つ証《あかし》でもある。

さらに、バッカーは恐竜の痕跡も調査し直した。すると、非常に寒い北部のカナダにも棲息していたことがわかったのだ。

爬虫類は外気温度変化に弱い変温動物である。だから、恐竜が爬虫類だとしたら寒いところでは生きられない。もしかして恐竜は、哺乳類と同じ恒温生物なのではないかとバッカーは考えた。

古生物学の止まっていた時間が一気に動き出した。

7回退学勧告された、「非エリート」中の「非エリート」

古生物学者には、バッカーと同じスターがもう1人いる。

その名は、ジャック・ホーナー。彼もまた、バッカーと同じように8歳のときに訪れた自然史博物館で感動し、恐竜博士になることを決意した少年であった。

ただ、バッカーと違ったのは先天的な難読症だったことだ。ホーナーは現在70歳を超えるが、未だにきちんと文字を読むことができない。

そのため、どの教育システムからも弾かれてしまった。

担任教師には「二度と学校に来るな」と怒鳴りつけられ[*12]、周囲には「お前にはガソリンスタンドの店員がお似合いだ」と揶揄された[*13]。

しかし、ホーナーは夢をあきらめなかった。

地元の科学コンテストに応募し、幸運にもモンタナ大学の教授の目に留まった。そして、古生物学の研究ができる学科への入学を許可されたのだ。

ホーナーは授業で一番熱心な聴講生だった。講義室の後ろの席で静かに古生物学者としての基本的な素養を培《つちか》っていった。

だが、彼の熱心さは大学の評価システムにまったくはまらなかった。多くの科目で落第し、学業成績は惨憺《さんたん》たるものだった。

そのため大学側は7回もホーナーに退学を申し渡した。

ホーナーはそのたびに自分の棲《す》み処《か》に戻って来る渡り鳥のように寮へと舞い戻って来たのだが、とうとう大学から卒業証書を受け取ることはできなかった。

起死回生、在野の研究者

ホーナーは当時のことをこう振り返っている。

「試験ばかりして、それで優劣をつける学問においては、難読症の僕にとって、現実はつらくて絶望的で、どんな惨《みじ》めな言葉であらわしても足りないくらいです。試験をきちんと受けられないのに、そのせいで、バカな怠《なま》け者だとレッテルを貼られました。**難読症だということを気遣ってくれる人もいなければ、別の道に導いてくれるようなシステムもなかった。それで7回も学校から追い出されたんです**[*14]」

古生物学者になるために必要な才能、つまり次のような能力はホーナーには十分すぎるほど備わっていた。

1. 骨片を視覚化する能力
2. 新たなパターンを解釈する並外れた能力
3. 非常に長い期間にわたって地形に起こった変化を容易に視覚化する能力
4. 同僚とは異なる独自の思考力

5．新しい技術の活用法を見出す能力
6．証拠となる化石を様々な角度から分析し、それをもとに革新的かつ説得力のある議論を展開する能力[*15]

ホーナーが退学させられたのは、必須外国語のドイツ語と教養などの広く浅い知識を問う試験の点数が悪かったからだった。「古生物学者としての才能」は関係ない。だが、突きつけられた現実は退学というものだった。

しかし、それでもなお、ホーナーは自分の夢をあきらめなかった。

彼は独自に古生物学の研究を始めた。

ホーナーがこだわったのは、様々な大きさの恐竜の化石を、その恐竜が棲息していた環境の中で発見することだった。

バカだ、無謀だ。まわりは必ずそう言うようなチャレンジであったが、粘りに粘り、多くの時間を費やし、ホーナーはついに掘り当てる。

「マイアサウラの群れの巣」を発見したのだ。すぐさま学説として発表すると、古生物学者の視線が一気にホーナーのもとに集まった。

それもそのはず、発見した群れの巣には孵化《ふか》して間もない恐竜の雛《ひな》がいたのだ。

雛の脚の未熟な発育状態からすると、生まれてしばらくは歩くことができず、親に守られていたと思われた。

この発見は従来の仮説を覆すものだった。「一部の恐竜は雛の育児に積極的に参加していた」という事実が歴史上で初めて明らかになったのだ。

さらに調べていくと、成長速度が非常に速いこともわかり、バッカーが提唱していた恐竜の恒温説を裏づける根拠にもなった。

この発見をきっかけにホーナーは故郷に戻り、退学を余儀なくされたモンタナ大学で古生物学の教授の職に就く。

のちにモンタナ大学は、ホーナー本人にこんなインタビューを申し入れている。

「私たちの大学は、学問におけるあなたの才能に気づけませんでしたが、成功できたのはなぜだと思いますか？」

この問いに、ホーナーは次のように答えた。

「僕の頭の中は『恐竜のこと』でいっぱいです。どこにいてもずっと、恐竜が頭の中を歩き回っています。あまりに考え込んでしまって、同僚たちにはドラッグでもやったんじゃないかと言われるのですが、好きなように思っていただいてかまいません。どう思われようと、僕の頭の中には恐竜のことしかありませんから。

試験や色々な知識で優劣を決める社会で、僕は取るに足らない存在でしたが、恐竜にだけは骨の髄まで集中したおかげで、ご存じのように、古生物学という学問において成功することができました[*16]」

この言葉を裏づけるように、ホーナーはある試みをしている。

古生物学者を目指す難読症の学生たちのもとを訪れ、自身がしたのと同じように恐竜の骨にだけ集中して数千時間をかけて研究できるような環境を提供したのだ。

すると、生徒たちは驚くべき成果を生み出した。

ティラノサウルスの骨の化石から血管と赤血球の塊を見つけたのだ。学界が「そんなことがあり得るわけがない」と驚嘆した、世紀の大発見である。

ホーナーは、こんなコメントをしている。

「**今まで誰にも発見できなかったのは、世界中のどんな本を見ても、そんなことは不可能だと書かれていたからでしょう**」

バッカーもホーナーも、2人の恐竜博士が行ったのは、極めてシンプルなことだ。

「悪いシグナルを断ち切り、一点に集中すること」

そしてこのことは、ホーナーの教え子たちが世紀の発見を達成できたように、誰でも再現ができることなのだ。

ためらわず、疑いの一石を投じろ

バッカーとホーナー、2人の恐竜博士の対決

エリートの定説に投げかけられた4つの疑問

同じ8歳にして恐竜の専門家を志した2人の少年。エリート学者のバッカーと、彗星《すいせい》のごとくあらわれた非エリート学者のホーナーについて紹介したが、実はこの2人にはちょっとした因縁がある。

この因縁にもまた、シグナルと人生を考えていくうえで興味深い話がある。もうしばし、2人のストーリーにお付き合い願いたい。

ティラノサウルスについて、バッカーは様々な「定説」を生み出してきた。だがあるとき、ホーナーがその定説に一石を投じたのである。

それは、ティラノサウルスは、バッカーが主張するような敏捷《びんしょう》な捕食者《プレデター》ではなく、その大きさに合った、動きの鈍い腐肉食者《スカベンジャー》であったのでは?というものだ。

ホーナーは4つの点で意見を異にしていた。

1つ、ティラノサウルスの脚を見てほしい（87ページの写真参照）。1メートルしかない短い脚では抵抗する獲物を押さえつけられない。

2つ、この恐竜は目が小さい。目が小さいということは、その分、遠くからは獲物を識別できないという証拠だ。もしライオンが、獲物を判別するのにそれが目の前に来ないと獲物かどうかわからないとしたら、ライオンに捕まる動物はいない。

3つ、脳の大きさの割に大きな嗅覚神経を持っていることに注目してほしい。犬のように嗅覚が発達していたというのは何を意味しているのか?　動物の死骸がほどよく腐敗したときに、それを見つけてハイエナのように食らいつくのに都合が良いということだ。臭いで動物の死骸を見つけるハゲワシのように、ティラノサウルスもまた腐肉食者と考えるのが正しいに違いない。

4つ、最後に脚だ。よく見てみると、上の脚の骨が下の脚の脛骨《けいこつ》よりも長い。そのため急に速く走ることはできない。

数学的なモデルを利用してティラノサウルスの体重を代入すると、この恐竜は早歩きするくらいが一番合理的だとする計算結果も出た。*17

そのうえ、もしティラノサウルスが速く走れるとすると、転んだときにその小さな前脚

ティラノサウルスの脚の写真

では衝撃を吸収できない。そのため、体全体が6G（重力加速度の6倍）の衝撃で地面にぶつかることになり、一度転ぶと深刻な傷を負ったり、下手すると死んでしまったりすることもあり得る。[*18] それでも敏捷に駆け回れると言うのか？

科学専門誌『ニュートン』は、このようなホーナーの新たな仮説に賛同し、この説は一気に脚光を浴びた。科学界に波紋が広がり、ホーナーの理論は学界の主流を担う科学者たちの間で10年もの間、慎重に議論され続けた。

対決の結果と、ささやかな仕返し

いったい、バッカーとホーナー、どちらの主張が勝ったのだろうか？

結論からいえば、正しかったのは、「ティラノサウルスは足が速い」とするバッカーの説だった。重厚な体でも敏捷に走り回れる強い捕食者だったことがその後の研究で明らかになった。

この結論が出たのち、ホーナーは自身の失敗を揶揄する記者たちの質問に照れたような笑顔で応えた。

しかし、このような**「定説」と思われていることにもためらわずに一石を投じる姿勢が、余計なシグナルを断ち切るために重要**なのだ。

投じた一石が荒れ地に落ちても恥じることなく、また拾い上げ、埃《ほこり》を払って手に握る。そうして、再び立ち上がっていくのだ。

ホーナーは、当時のハリウッド史上最高の興行収入を記録したSF映画『ジュラシック・パーク』シリーズで、監修を務めている。

この映画の中で、ホーナーはあるいたずらをした。

『ジュラシック・パーク2』に科学者たちが恐竜に食べられるシーンがあるのだが、なんとその1人がバッカーそっくりなのだ。

もともと台詞もないエキストラに過ぎなかったが、「僕のライバルが映画に登場して、自分のティラノサウルスに食べられたら面白い」と、ホーナーが監督に特別に頼んで入れてもらったシーンである。

では、当のバッカーはこのシーンにどう反応しただろう？

怒るどころか、大喜びだった。
映画を観るや、ホーナーに電話をかけ、興奮した声で叫んだ。
「映画でティラノサウルスが僕を食べようと走り回ってた。やっぱり僕の言った通り、ティラノサウルスは捕食者だ！」[*19]
バッカーの理論通りに本人を捕食させるという、何とも趣向を凝らしたホーナーのいたずらであった。

「主流では戦わない」という覚悟が努力の才能を生む

シスコ元CEOジョン・チェンバースの秘密

シスコの元CEOがひた隠しにしてきたこと

シリコンバレーにシスコという会社がある。世界最大手のIT企業であり、世界中のインターネットのシステムが、その多くをシスコに頼っている。もしシスコの機器に問題が生じれば、世界中のインターネットが瞬時に不通となる。

この会社のCEOを務めていたのが、ジョン・チェンバースだ。

重責を担うチェンバースだが、彼には誰にも言えない秘密があった。彼はそれについて何十年も口を閉ざし、静かに自分だけの胸の中に秘めていた。

しかしその秘密は、思いがけない場面で世間に知られてしまう。

チェンバースは毎年社員の家族を会社に招待する日を設けていた。毎年約500人の子どもたちが、世界で重要な役割を担っている両親の姿を、ヒーローを見るかのような眼差《まなざ》しで見つめた。

子どもたちとの時間を楽しんだチェンバースは、イベントの終盤にいつも1人を指名して直接質問を受けていた。

その年もある女の子にマイクが手渡された。

しかし、その日は何かが違った。少女はしばらくしても黙ったままで、会場は静寂に包まれた。緊張のせいではなかった。ただ言葉を発せずにいたのだ。

あがり症なのだろうか？　しばらくして数百人の前で静かに涙を流し始めた少女の姿がカメラに映った。

そして、ようやく少女が口を開いた。

「私には学習障害があって、思っていることを上手く話せないんです[*20]**」**

そのとたんに会場にはどよめきが起こり、数百人の親とその子どもたちがささやきながら、マイクを握る少女を見つめた。

私も、君と同じだ

涙を流しながら自らのつらい秘密を告白する。そんな少女の姿に誰よりも心を痛めたのは、何を隠そう、チェンバースだった。

「私にも、長年ひた隠しにしてきた秘密があります。会社の代表という立場で、自分の弱みをさらしたいと思う人間はいませんから[*21]」

そして、こう続けた。

「私にも、君と同じ学習障害があるんだ」

チェンバースは、一度に4語以上を覚えられない。教育学者によれば、暗記において最も平均的な学習量は7語以上である。そのため、学校では教師の話すスピードについていけず、大事なポイントをノートに書き取ることもできなかった。

しかし、チェンバースはそのハンデを見事に乗り越え、スタンフォード大学に入学している。それどころか、世界で指折りの企業のトップを務めているのだ。

チェンバースは、少女に向かってこう伝えた。

「でも打ち勝たなければいけない。もちろん、苦しくてつらい道のりではあるけれど――[*22]」

世界的経営者の3分の1が、ハンデを抱えている

実は、チェンバースのように学習障害を抱える有名経営者は驚くほど多い。

参考までに、次のリストは学習障害があると知られているビリオンダラークラブの企業経営者の名前だ。[*23]

ヘンリー・フォード（フォード創業者／１９９０億ドル）
ビル・ゲイツ（マイクロソフト創業者／７９２億ドル）
カルロス・スリム（テルメックス会長／７２９億ドル）
ウォーレン・バフェット（投資家／７２７億ドル）
ネルソン・ロックフェラー（第41代アメリカ合衆国副大統領、実業家／７２７億ドル）
スティーブ・ジョブズ（アップル創業者／１９０億ドル）
リチャード・シュトラウス（不動産開発業者／１８５億ドル）

ビル・ヒューレット（HP創業者／90億ドル）
チャールズ・シュワブ（証券会社創業者／69億ドル）
リチャード・ブランソン（ヴァージングループ創業者／51億ドル）
ケリー・パッカー（オーストラリア、メディア王／48億ドル）
レイン・ガイアー（アメリカ、発明家／44億ドル）
デヴィッド・マードック（実業家／35億ドル）
イングヴァル・カンプラード（イケア顧問／34億ドル）
ウィリアム・リグレー（リグレーガム、実業家／26億ドル）
テッド・ターナー（CNN創業者／22億ドル）
アラン・シュガー（実業家／20億ドル）
クレイグ・マッコー（携帯電話産業のパイオニア／18億ドル）
デヴィッド・ニールマン（ジェットブルー航空創業者／16億ドル）
マッキー（マッキーフーズ創業者／15億ドル）
ケリー・ストークス（実業家／11億ドル）
ジョン・チェンバース（シスコシステムズ元会長／10億ドル）

世界に名を馳《は》せた企業のCEOの3分の1が、何らかの学習障害を持っているというのだ。競争社会には不利だと思われる資質だが、なぜ彼らは熾烈《しれつ》な争いをくぐり抜けることができたのだろうか？

彼らの行動だけを見れば、「圧倒的なまでのストイックな努力」という要素が共通点として挙がってくるだろう。

だが、そうではない。それ以前に「なぜそれほどまでの努力ができるのか？」という内面の問題が重要なのだ。

フランスの文化人類学の教授シャルル・ガルドーは、**「弱みとの戦いは人間を動かす原動力」**だと説明する。[*24]

ストイックな努力を可能にする力が生まれたのは、彼らが「主流から追いやられる経験」をしたことがあるからだ。他とは違う、同じようにはできない、という認識をし、少なからず暗闇を見たはずだ。

アメリカ随一の不動産ブローカーであり世界的な会社を経営したバーバラ・コーコランもまた学習障害があり、文章を読むことができない。彼女は、こう語る。

「私たちみたいな人間は、そもそも点数で優劣を競って敗者《ルーザー》を決める教育システムに留《とど》まるなんて無理で、すぐにつまみ出されてしまいます。でもそれは逆に、敗者を生み出すシステムは無視していい、という大きな自由を与えてくれます[*25]**」**

人と同じようにできないことは、通常の競争システムの中では弱みになる。

だが、戦うフィールドを飛び出したらどうだろうか？

つまり、「皆と同じ土俵で勝負はしない」という覚悟を決めてしまえば、「人と比べて劣っている」「自分は平凡である」というノイズを早々に断ち切ることができる。

なぜなら、比べる必要がなくなるからだ。そして、「自分は自分の生き方をするのだ」と誇りを持つことで、それまでとは異なる良いシグナルに出合うことができる。

才能がない人は夢を追ってはいけないのか？

画家ポール・セザンヌが大成できた理由

中流家庭で生まれ、その道から外れた男

ここまで、「もともと天才的な才能を持つ人」や「家庭や出自に難があった人」「ハンデがある人」などを例に挙げてきた。

中には、「結局、そうした特別な要因がある人が成功するんだろう」と感じてしまった人もいるかもしれない。

だが、そうではない。悪いシグナルは誰でも断ち切ることができるし、より良い方向に人生を進めることが可能だ。

ここでは、自身の選択によって「散々な人生を抜け出した人」を紹介しよう。

その男の名は、ポール・セザンヌ。

彼の人生は「凡庸」のひと言に尽きる。

帽子店を営み生計を立てていた商人の父が銀行を開業して、一家の暮らしは経済的には裕福な方だった。

しかし、「大した学歴もないのに何でも金で解決しようとするやつ」と、親戚からはよく思われていなかった。父はそのことに引け目を感じていた。

そのため息子には学を積ませようと、法学の勉強を強いた。

父親の望み通り、息子は法科大学に進学したが、「こんなのは自分の人生ではない」と思った。

その頃、セザンヌは画家になりたいと考えていたのだ。父の意には従わず、オリジナリティのある人生を歩もうとした。

しかし、フランスの国立美術学校の試験にはあえなく玉砕する。画家として認められるための関門ともいえるサロンにも出品したものの、いつも落選だった。

セザンヌの父は「人間はパンで生きていくものだ。芸術なんかでは食べていけない」[*26]と言っていたが、その通りだったのかもしれない。

だが、もはや引くに引けない状況となっていた。すでに10年もの歳月を無名画家として過ごしていたからだ。

30年間、誰にも相手にされなかった

セザンヌの顔にはしわが目立ち始め、未来を不安に思うあまり、いつの間にか偏屈で独善的な人間になっていた。

自分の絵を観て、誰かが少しでも眉をひそめようものなら、詰め寄って鬼のように怒り狂った。

そんなセザンヌをあざ笑うように、依然、サロンは何度も落選通知を突きつけた。

さらに信じられないことに、画家への夢を中学校のときから応援してくれた友人にすら、セザンヌは嘲笑されることになる。

その友人とはエミール・ゾラである。彼は小説家として成功していた。

ゾラは『作品』（邦訳『制作』清水正和訳、岩波文庫）という小説の中で、自殺で生涯を終える落ちぶれた無能な画家を主人公として描いた。

その主人公は、誰が見てもセザンヌを連想させるような具体的な描写であふれていた。

パリの画壇で才能がないと烙印《らくいん》を押されたことも、絵が上手くいかないと筆を投げつける激しやすい性格も赤裸々なまでに描かれていた。

怒りと屈辱に震えながら、セザンヌはゾラに1通の短い手紙を送った。

「君が贈ってくれた『作品』を読ませてもらいました。あのルーゴン・マッカール叢書の著者が僕のような人間を覚えていて、主人公として描いてくれるなんて感謝しかありません。失敗に終わった歳月も過ぎ、最後の握手を、この手紙に代えたいと思います[*27]」

「主人公として描いてくれたことに感謝する」というひと言に、セザンヌのすべての怒りが美辞麗句となって込められていた。

それから生涯、ゾラに会うことはなかった。

このとき、セザンヌはすでに50歳になっていた。

絶望の中で見つけた「本質」の追求

だが、セザンヌの才能が開花したのは実はこのときだった。

絶望の中で浮浪者のように美術館を巡り歩き、偉大な画家たちの描いた作品を観察し続けていた。ひたすら観察を続けていくと、ある思いに至った。

それは、**「目に映る事物の姿形、その奥には〝変わることのない本質〟がある[*28]」**ということだった。

当時は、どの絵画も王や貴族がそのまま厳《おごそ》かに描かれていた。しかしセザンヌは、上・下・側面という複数の視点から見たイメージを組み合わせて再構築し、物事のうちに秘められた本質をあらわそうと考えたのだ。

セザンヌが最も多くの時間を費やして描いたリンゴを例に挙げてみよう。

リンゴは私たちの目の前にあるが、時間が経てば最後には腐ってしまう。今見えている新鮮さを単にそのまま描くことが、本質を描くことになるのだろうか？　リンゴをわざわざありのままに描く必要はない。[*29]

そうして生まれたのが、セザンヌの代表作である『カード遊びをする人々』というタイトルの連作で、全部で5枚のシリーズになる。ナンバーが進むにつれて絵のサイズも小さくなっていくのが特徴だ。

実際の作品を見てみよう。

まず、『カード遊びをする人々』①は、幅１８０センチほどの大きさで描かれた。テーブルでは3人がカード遊びをしていて、その後ろには2人の見物人がいる。だが、よく見るとテーブルの3人は、カード遊びをしていない。カードで遊んでいる「ふり」をしているだけだ。

続く『カード遊びをする人々』②では、見物人が減り、登場人物は4人になる。やはりこの作品も、登場人物たちはカードに集中している「ふり」をしている。絵の大きさは、1に比べて半分になった。

『カード遊びをする人々』③では、「ふり」ではなく、みすぼらしい登場人物2人が真剣な表情でカード遊びをしている。まわりには酒瓶1本とパイプ煙草《たばこ》1つが描写されている

ポール・セザンヌ『カード遊びをする人々』①

ポール・セザンヌ『カード遊びをする人々』②

ポール・セザンヌ『カード遊びをする人々』③

ポール・セザンヌ『カード遊びをする人々』④

ポール・セザンヌ『カード遊びをする人々』⑤

だけで、場所がどこかもよくわからない。

　要素はどんどん省略され、『カード遊びをする人々』④のサイズは57センチになる。『カード遊びをする人々』⑤では、カードの色すらもなくなる。

　美術史学者のマイヤー・シャピロは、「カードに没頭する2人の男の張りつめた緊張感は、ポール・セザンヌ自身が作品に没頭する画家の自分を鏡のように投影したものだ[*30]」と解説している。

　セザンヌはこの作品を描くために150点以上のスケッチを描いた。

　絵を描き始めて30年。セザンヌは絶望の淵《ふち》に立ったことで、それまでの自分のあり方を打ち破り、新境地を見つけた。

その境地とは、まさにシグナルの断ち切りであり、自身に不要なもの、作品に不要なものを次々と切っていくことだったのだ。

美術史史上初の試みによって生まれた作品は①～④までがニューヨーク、パリ、ロンドン、フィラデルフィアの美術館に所蔵され、5番目の作品は大富豪に2億5000万ドルで買われ、世界で3番目に高額の絵画となった。

社会のシグナルに消されてしまった才能の輝き

ナディアの悲しき代償

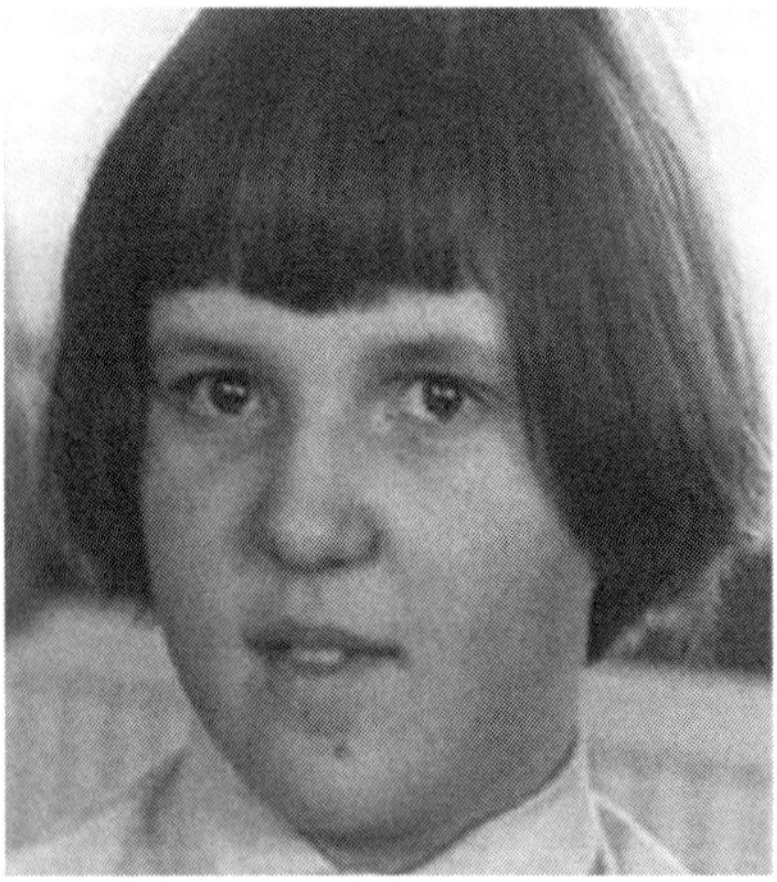

6歳のときのナディア

自閉症の天才少女

1967年10月、イギリスのノッティンガムでナディア・コミンという女の子が生まれた。ナディアは一般的な子どもに比べて成長が遅かった。言葉を上手く話せず、学校では自ら教室の後ろに移動しては自分だけの世界にこもった。

そんなナディアの行動を、世界中の心理

学者や美術学者たちが録画し、熱い議論を繰り広げた。

実はナディアには幼い頃から驚くべき観察力と美術の才能があった。6歳のときに何時間もかけてじっくりと観察して描いた作品は、ルネッサンス時代の美術家たちに引けを取らないほど、線と明暗が生きていた。

点数によってあらわされる成績はすべて低かったが、絵だけは違った。ナディアは絵だけが自分のなすべきすべてであるかのように振る舞った。

彼女もまた、シグナルを断ち切りながら一点に集中していたのだ。

イギリスの心理学者ロナ・セルフはナディアについて早くから研究をしていた。セルフがナディアを数か月観察したときの記録を読んでみよう。

「ナディアは、何時間も座ったまま1つの対象物をしげしげと眺め、それを絵で表現した。平均して10単語以上を話すことはなく、普段はいつも物憂げなナディアが、絵を描くときだけは生き生きとした表情と人並み外れた集中力を見せた」[*31]

ナディアの奇跡

心理学者たちは研究の一環で、レオナルド・ダ・ヴィンチの名画をナディアに渡してみた。ナディアは絵にしばらく集中すると、その後1枚の絵を描き、学者たちを大いに驚かせた。

それが、続くページの絵である。

下にあるのは、ナディアと同年代の子どもが描いた絵だ。

ナディアの絵は極めて写実的であり、その場にいた学者たちはダ・ヴィンチの再来を予感し、その後30年間にわたる長期の追跡調査を実施した。

特別扱いされて起きた、ナディアの悲劇

1970年代にナディアを見守った学者たちは、彼女の「言葉の遅れ」を指摘した。[*32] 指摘を受け、両親はナディアが大人になったときに社会生活で困らないようにしたいと考えた。

そこで、ナディアには特別クラスが用意され、特別な教師がついた。

他の子どもたちと同じように、どのように行動しなければならないのか、何が自分よりも優れていて、自身の才能が社会の中でどの程度優秀なものとして位置づけられるのかなどが教えられた。

だが、このことはナディアの才能にとって良い影響を与えなかった。ナディアを30年間にわたって追跡調査したトレファートは、次のように報告している。

ナディアが描いた絵（左）とレオナルド・ダ・ヴィンチが描いた絵（右）（＊33）

ナディアの同年代の子どもが描いた絵（＊34）

「ナディアは従来の教育システムの中で教育を受けるにつれ〝一点集中の力〟を発揮しなくなり、特別な才能も失われた。ナディアの並外れた集中力は、社会生活に必要な多くの単語を身につけていくにつれて弱まっていった[*35]」

報告によると、学校ではナディアの言語能力発達のため、一方的な教育が施されたという。幸い、彼女の言語能力は向上したが、同時に重要なものを失った。

教師たちは美術の時間に彼女にペンと画用紙を渡した。しかしナディアには、以前のような情熱はなくなっていた。同年代の子たちが描く様子を見て、同じように描くようになってしまったのだ。ナディアの突出した才能は、完全に失われてしまった[*36]。

トレファートは、「これはあまりに悲惨な才能の相殺だ」と述べている。

学校を卒業する頃には、ナディアは完全に美術の世界から離れていた。そしてそのまま時が経ち、ナディアはそのままこの世を去っていった[*37]。

断ち切りの力と一点集中に宿る力は、誰にでも特別な才能を与えてくれるものだと伝えてきた。

しかし、その才能を開花させるには、社会が安易に限界を決めている多くのものを断ち切り、戦わなければならない。

4

章

ハーバード
上位1％の秘密

「結局彼らは教室から抜け出せないんです。
私たちとは違います」

ハーバードの学生上位1%と、「それ以外」の人の決定的な違い

ハーバードのブラックダイヤモンド

秘密組織「ブラックダイヤモンド」

人並み外れたエリート人材と、最も多くの金が集まる場所、ウォールストリート。このウォールストリートを牛耳るため、ハーバード大学の学生たちが作った組織がある。「ブラックダイヤモンド」だ。

この組織には、ハーバードの中でもエリート中のエリートが、ウォールストリートの未来を担うという使命感を抱いて集まっている。

ブラックダイヤモンドに入るには、ハーバード生という条件以外にもう1つ特別な条件を満たす必要がある。

それは、投資である。授業料の1年分を出資し、チームで投資を行い、最高益の更新を目指すのだ。卒業するまでその金を回収することはできない。

ハーバードの学生の姿を長い間考察してきたケヴィン・ルースは、この集まりに参加する学生たちの姿をこう記している。

「彼らは金融のプロ集団で、ウォールストリートを人生の終着点に据えてきたような学生たちだった。ベンジャミン・グレアムの『賢明なる投資家』を枕の下に挟んで眠り、ウォーレン・バフェットやジョージ・ソロスのポスターを壁に貼り、中学のときにはエクセルのショートカットキーを使いこなして効率的に時間を過ごすような子どもでもあった。そのうえ金融危機が起こったあとでもウォールストリートで働くことにためらいはなく、議論の際にはたびたび金融業界のモラルを擁護したりしていた[*1]」

いったい、ブラックダイヤモンドの中ではどんなことが行われているのだろうか？

その活動は、ハーバード大学の寮のとある小さなプレゼンテーションスペースで行われている。バーバリーの白いシャツと綿のズボンを着た1人の短髪の男子学生が、20名ほどの学生に質問を投げかける。

「まだ低い価格で推移しているプラチナに投資してみるのはどうだろう？」

彼こそがブラックダイヤモンドの創立者パトリックである。

このパトリックの意見に、別の学生はすぐさま反問した。

「景気は回復傾向を示しているようだけど、貴金属に飛びつく必要があるのかな？　そもそもまだ回復傾向じゃないって言う人はいる？」[*2]

ほどなくしてテーブルの前のスクリーンでは、彼らの顧問を任されているハーバード経営大学院卒のヘッジファンドトレーダーとのチャットが続く。

トレーダーがリスク評価についていくつか指摘したものの、学生たちには大して響かなかった。すでに知っている内容だったからだ。

チャットが終わって議論が再開されると、眼鏡を正した学生たちは、近頃の世界情勢が金融市場に与える影響について休む間もなく意見を交わし始めた。

ギリシャの緊縮財政、インフレ政策の効果、そしてアメリカ連邦準備制度（ＦＥＤ）が発表した今後の指針……。

まだあどけなさの残る学生たちの顔を見ずに、熱のこもった議論にだけ耳を傾けていると、ウォールストリートでアナリストたちの熾烈極まりない神経戦が繰り広げられているのかと錯覚してしまうほどだ。

ブラックダイヤモンドに所属する学生たちは、大学の他の金融サークルとはあえて距離を置いていた。そういった集まりでは、市場に参加して実際に資金を運用することよりも、教室で初心者たちを指導することに力を入れているからだ。
「それなら、どんな投資運用戦略を取るべきかな？」[*3]
パトリックが鋭い質問を投げかけ、約20名のハーバード生たちの眼差しがいっそう真剣になった。

「それ以外」の学生たちはどこに行くのか？

私たちが今しがた出会った彼らは、明確な意志と目的を持って人生を歩んでいる、ハーバードでも上位1%に属しているエリート中のエリートである。

では、残りの学生はどうだろうか？　やはり、一般社会とは比較にならないほど優秀なのだろうか？

ブラックダイヤモンドに所属するアーラシュは、それ以外の学生についてこうコメントしている。

「他にも集まりはたくさんありますよ。でも参加してだいたい40分もすれば、なんとなくわかります。あれこれ取り上げるものは多いけど、結局彼らは教室から抜け出せないんです。私たちとは違います」[*4]

前述のケヴィン・ルースによると、4年生のブラックダイヤモンドのメンバーは、大したインセンティブがなくても、その多くが金融業界に進むという。

では、他の学生はどんな進路に進むのだろうか？

実はハーバードには、金融業界を露骨に軽蔑する学生文化がある。多くの学生たちが拝金主義のビジネスは「イケてない」ものだと揶揄をする。

しかしながら、卒業が近づくにつれてこのイデオロギーに変化が起きてくる。それまでバカにし、興味も持とうとしなかったウォールストリートに、結局は卒業生の半数以上が飛び出していくのだ。これが例年お決まりのコースである。

パトリックがくすくすと笑いながら言う。

「その通りですよ。ハーバードの学生は4年の最終学期になるまでウォールストリートを嫌っているんです」[*5]

明確な意志を持って、金融業界に進む上位1%の学生たち。対して、「金融はダサい」と息巻いていたはずが、結局は流されて金融業界に進む学生たち。いったい、なぜそのようなことが起きるのだろうか？　働き出したとき、両者に差は生まれるのか？

この章では、トップエリートたちの事例を見ながら、シグナルが私たちにどのような影響を与えるのかについて考えていきたい。

エリート社会で最後まで勝ち抜ける人、挫折する人

投資銀行勤務チェルシーの憂鬱《ゆううつ》

なぜ、投資銀行を選んだのですか？

赤毛のアンを思わせる、そばかすだらけの顔に赤毛が魅力的なチェルシーは、ジョージタウン大学を卒業してすぐにウォールストリートへと飛び込んだ。

コネチカット州郊外の中産階級の家庭で育った彼女は、誰もが羨むエリートコースを努力で進んできた。

バンク・オブ・アメリカ・メリルリンチにアナリストとして就職し、仕事を覚えながら真面目な新入社員として働こうと決意した。上司にも「頑張って仕事を覚えて早く一人前

になります」と話していた。[*6]

チェルシーはそんな自らの決意を守った。夜中の12時過ぎまで働き、ようやく書類かばんを手に退社する毎日。

彼女が毎晩12時まで働いていたのは、光り輝くウォールストリートに憧れていたからではなく、より現実的な目的のためだった。

チェルシーが投資銀行を選んだのは、経済的に安定したいという思いと、大学卒業後に目の前に突きつけられた10万ドルを超す学生ローンの返済のためだ。

そして何よりも、大学卒業後の進路として、自分が本当にやりたいことを見つけられなかったからだった。

イェール大学のアレクサンドラは、チェルシーのような学生をこう説明する。

「金融業界が魅力的だというのはわかります。一流の学校や組織の枠組みの中で成功し続けてきた人たちにとっては、楽な選択なんです。もう2年、このイェール大学に通うのと同じことです。秩序がしっかりした組織で同じ年代の賢い友人たちと一緒に働くのですから。卒業せずに学校で過ごすのと変わりありません」

そこが、光を失わない場所だから

2007年には、ハーバードの4年生のうち約半数がウォールストリートへと飛び出していった。

社会学者のエイミー・バインダーによると、ウォールストリートに押し寄せるハーバード生の大部分が、自身の専攻とは関係ない仕事に就いているという。*7ウォールストリートで就職した約50人の学生を追跡調査した結果、ウォールストリートでの仕事に見合った知識を最初から備えていた学生は、たった2人だった。また、ウォールストリートの未来を担いたいと考えているのは、約100人中、6人だけだったという結果もある。*8

しかし面接会場では、物理学科の学生が生まれてこのかたずっと金融業界を目指してきたかのように、口からよどみなく出まかせを並べていく。

どのような学生生活を送ってきたとしても、最終的には盲目的に同じ仕事を探し出す。それはなぜだろうか?

答えは単純で、ウォールストリートで働いているという肩書きは、一流大学に通っていることと同じく、「自分がエリートである」ことの証だからだ。この証は、彼らに優越感と安心感を与えてくれるものなのである。

バインダーはここで、競争を勝ち抜いてきたハーバード生の「競争に対する盲目さ」を指摘する。追跡調査の対象者の1人で、ハーバード入学後にウォールストリートへの夢を抱いたある学生は、バインダーに知的な笑顔を見せてこう答えたという。

「ウォールストリートは、ハーバードくらいの学歴がないと目指すことすらできないじゃないですか[*9]」

２０１１年、イェール大学のマリーナ・キーガンはこうした現象を問題視し、公に批判している。

「イェール大学のように多様で異質な流れが存在する場所で、あんなにも多くの学生が卒業後の大切な進路について何も語らず、一様に同じ仕事を目指すなんて、本当に驚きです[*10]」

初めて味わう大きな挫折

チェルシーに話を戻そう。

チェルシーは、まだ卒業していない彼氏と学校の食堂で食事をしながら週末のデートをしていた。そのときこんなことを思ったと話す。

「23歳の若さで私は年収10万ドル以上稼いでるし、マンションも持ってる。なのになんで、こんな学校の食堂なんかでご飯を食べてるの？[*11]」

なんと嫌味だろうと思うかもしれない。だが実際、彼女はこれまでたゆまぬ努力をしてきた。今ある環境も待遇も、その正当な対価なのである。

しかし、彼女のように「仕方なくウォールストリートに来た」エリートたちは、そのうちある壁にぶつかる。

それは、自分よりもはるかに優れた人材が、ウォールストリートには有り余るほどいるという事実である。

職場は、決して安らかな場所などではない。

壁を乗り越えるたびに、さらに高い壁があらわれ、彼らは人生で初めて「自分は大したことのない存在なのではないか?」という思いに駆られるようになる。

イェール大学の教授ウィリアム・デレズウィッツは、こう指摘する。

「エリート学生たちの泰然とした姿や秀でた成績の裏に隠されているのは、紛れもなく恐れです。厳しすぎる入学基準と熾烈極まりない競争の中で、名門大学に進学した若者たちは、文字通り、成功以外の経験をしたことがない。成功しないかもしれないと考えるだけで、彼らは怯え、方向を見失い、挫《くじ》けてしまうのです。*12 期待に応えられなかったという挫折の経験は、それがたとえ一時《いっとき》のことだったとしても、単なる現実的な問題を超えて、自らの存在価値を問うような問題になってしまうのです*13」

努力なんて、誰でもしている

チェルシーはあるとき会報誌の仕事を任された。完璧に仕上げるため、1字1句を漏らさず入念にチェックし、顧客にも同僚にも、上司にも仕事ぶりを気に入られた。

だが1つ、大きなミスを犯してしまった。機密事項だった社内用の地方債の評価基準資料を誤って載せてしまったのだ。最高責任者はチェルシーに怒号を浴びせる。

チェルシーは隣にいる上司が自分をかばってくれることを願った。上司には彼女の作った会報誌を最終確認する責任があったはずだ。

ところが、上司は口を閉ざしたままだった。

ここは戦場だ。他人のミスをかばってくれる人間など、いやしない。

「私が何をしたっていうの？　私には何の権限もないのに！　言われたことをやってるだけじゃない！」[*14]

ハードワークとプレッシャーに耐えかね、チェルシーはついに爆発してしまう。

「この3つの案件を全部、今すぐ終わらせるなんて無理です。私を怒鳴りつけていただいてもかまいません――それで気が済むというのなら。ですが、現実的に考えて、このうちの1つでも私に終えさせたいとお思いなら、こんな頼み方はなさらないと思います」[*15]

自分に仕事をふった上司を前に、彼女は涙を浮かべながら語気を強めた。入社してからこんな反抗的な態度を見せたことは一度もなかった。

チェルシーはその年、最低の評価を受け、支給されたボーナスも最低だった。

しかしまわりには、チェルシーの言い分がいかに呆《あき》れたことなのか、それを思い知らせるかのように仕事をこなす同僚たちが数えきれないほどいた。

夜12時に帰るどころか、オフィスで夜を明かす変わり者は珍しくなかった。チェルシーの努力を上回る努力が、そこら中にあふれていたのだ。

才能がある人が失敗するとき

ミシガン大学のトーマス・カー研究チームは、2005年に「才能のある人々が失敗するとき」という研究の成果を発表した。

カーの研究で注目すべきは、**努力と才能がぴたりとかみ合っても失敗することがある**という点だ。努力と才能を持ってしても、一度「否定的なシグナル」にとらわれると、そのシグナルによって努力と才能は回復不能なまでに押し潰されてしまうというのだ。

まずカーは、このシグナルの力を試すため、被験者であるミシガン大学の学生たちを2つのグループに分けた。

グラフ4−1 否定的なシグナルによる成績の変化

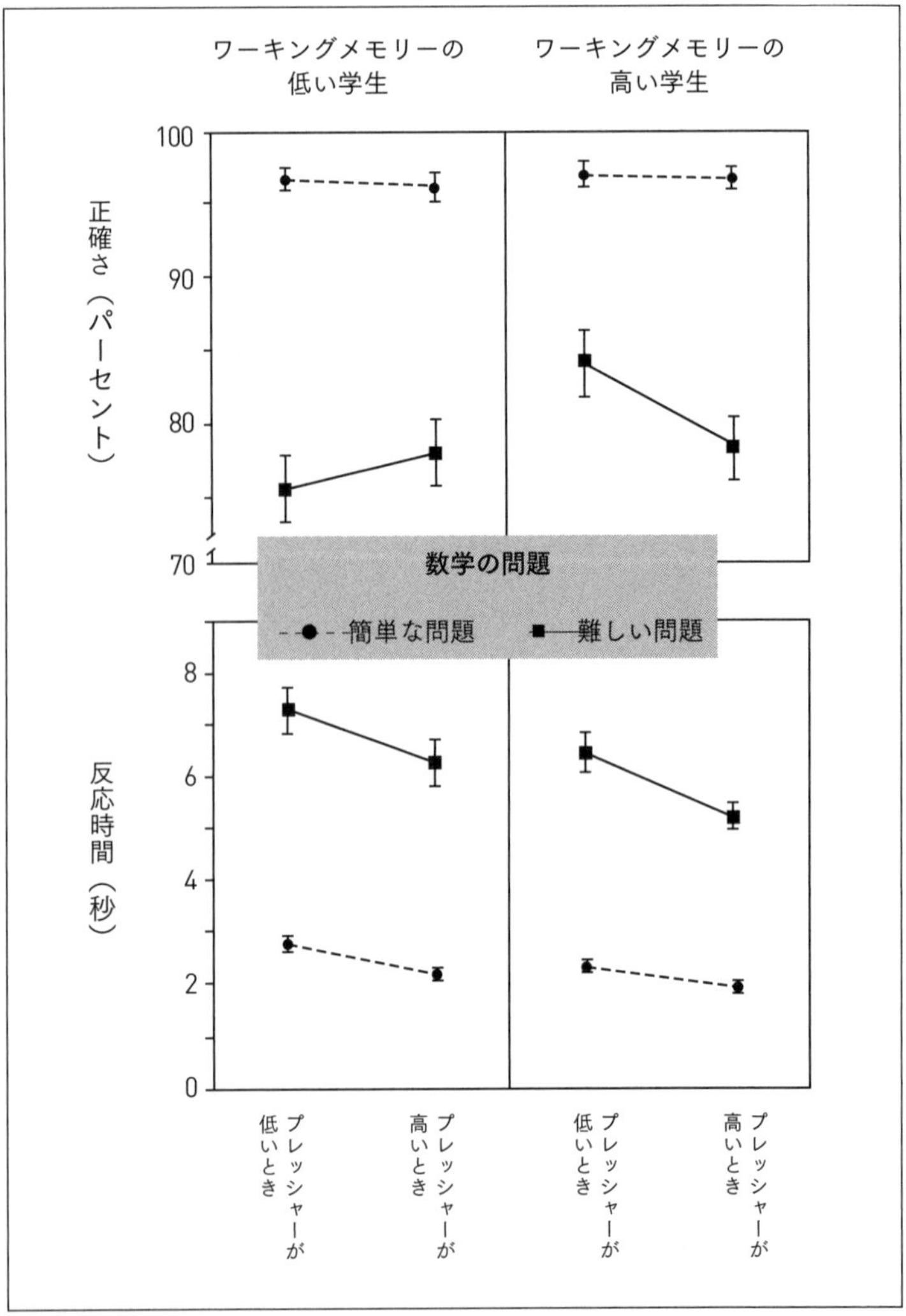

出典：“When High-Powered People Fail: Working Memory and ‘Choking under Pressure’ in Math”（＊16）

1つ目のグループにはいつもと同じように数学の問題を解いてもらい、2つ目のグループには自分には「数学ができないかもしれない」と思わせてから数学の問題を解かせた。カーは、2つ目のグループの学生たちに先行グループより自分の点数が劣る可能性があるという事実とともに、数学の問題を解いている様子を録画して、教授や数学教師から専門的に評価してもらう場合があると伝えた。

この結果、2つ目のグループの学生たちの成績は驚くほど悪化した。簡単な数学の問題については成績の変化は見られなかったが、難しい数学の問題になると目に見えるほど成績が下がったのだ。

なぜ難しい問題を解くときにだけシグナルの影響を受けてしまうのか？

心理学者たちはこの問いに対する答えを私たちの作業記憶《ワーキングメモリー》に見出している。否定的なシグナルは、瞬間的に脳の中のワーキングメモリーを減らしてしまう。この現象は世界的な心理学者たちの研究室で一貫して観察されている。

ワーキングメモリーは、才能と密接に関係している。

ワーキングメモリーが高いほど数学の高次元的な思考を幅広く行うことができるのだが、勉強ができないというシグナルを受けると、このワーキングメモリーが例外なく低下してしまうのだ。学生たちの成績がそれを証明している。

たとえワーキングメモリーが高かったとしても、自身の能力を疑う「シグナル」を受けてから難しい数学の問題を提示されると、その学生の成績は以前と同じではなくなる。

つまり、どれだけ優秀な人間であっても、一度否定的なシグナルを受け取ると、チャレンジができなくなる。それどころか、それまで普通にできていたはずのことができなくなる。「失敗しないように」と弱腰になり、それが悪循環を生む。

チェルシーに起きたのはまさにこの悪循環であった。

グレッグ・スミスは、ウォールストリートの厳しさについて「SATで1600点を取り、ハーバードを首席で卒業した、世界でもずば抜けて賢い人間ですら、ゴールドマンサックスで大失敗をやらかして入社1年足らずで解雇されている。こんなのは日常茶飯事だ[*17]」と伝えているが、この言葉通り、チェルシーも敗北感と挫折感を味わいながら戦場から退いた。

「別に勇敢な反逆者を気取っているわけじゃない。でももう私はここに留まりたいとは思わない[*18]」

歴史に名を残す数学者に女性がいないのはなぜか？

偏見、あるいは差別のシグナルが生み出すもの

世界的な「女性数学者」は存在するか？

チェルシーの例を見ていただいたが、「エリート」「天才」「成功者」だと周囲から期待を集めてきた優秀な人でさえ、競争場所が変わると「平凡」「落ちこぼれ」という自己認識をしてしまうことがある。

それは、環境が変わるとシグナルも変わるからだ。環境から発せられる否定的なシグナルは、どこにでもある。

私たちは、いつでも環境のシグナルに強く影響を受けているのだ。

私たちが悪いシグナルに流されないためには、まず「自分が今どのようなシグナルを受

け取っているか」を認識する必要がある。
まず、次のリストをざっと見てほしい。

1. アイザック・ニュートン（イギリス）
2. ゴットフリート・ライプニッツ（ドイツ）
3. ジョゼフ・ラグランジュ（フランス）
4. レオンハルト・オイラー（スイス）
5. ピエール・シモン・ラプラス（フランス）
6. ユークリッド（ギリシャ）
7. カール・ガウス（ドイツ）
8. アルキメデス（ギリシャ）
9. ルネ・デカルト（フランス）
10. ジェロラモ・カルダーノ（イタリア）
11. アドリアン・マリ・ルジャンドル（フランス）
12. ピタゴラス（ギリシャ）
13. ガスパール・モンジュ（フランス）
14. ジャン・ル・ロン・ダランベール（フランス）
15. オーギュスタン・ルイ・コーシー（フランス）

16. ジャン・バティスト・ジョゼフ・フーリエ（フランス）
17. ピエール・フェルマー（フランス）
18. ジョン・ネイピア（イギリス）
19. ブレーズ・パスカル（フランス）
20. アポロニウス（ギリシャ）

これはアメリカの学会誌に発表された「世界の歴代数学者」の順位表だ。[*19] 聞き慣れた名前もいくつかあったと思う。

では、次のリストはどうだろう?

ラース・アールフォルス、ジェス・ダグラス、ローラン・シュヴァルツ、アトル・セルバーグ、小平邦彦、ジャン・ピエール・セール、クラウス・フリードリッヒ・ロス、ルネ・トム、ラース・ヘルマンダー、ジョン・ウィラード・ミルナー、マイケル・フランシス・アティヤ、ポール・ジョセフ・コーエン、スティーブン・スメイル、アレクサンドル・グロタンディーク、アラン・ベイカー、広中平祐、セイゲル・ペトロヴィチ・ノヴィコフ、ジョン・グリッグス・トンプソン、エンリコ・ボンビエリ、デヴィッド・ブライアント・マンフォード、ピエール・ドリーニュ、チャールズ・ルイス・フェファーマン、グレゴリー・マルグリス、ダニエル・キレン、アラン・コンヌ、ウィリアム・ポール・サーストン、シン・トゥン・ヤウ、サイモン・カーワン・ドナルドソン、ゲルト・ファルティングス、マイケル・ハートレー・フリードマン、ウラジーミル・ゲルショノヴィチ・ドリンフェルト、ヴォーン・フレドリック・ランダル・ジョーンズ、森重文、エドワード・ウィッテン、エフィム・イサーコヴィチ・ゼルマノフ、ピエール・ルイ・リオン、ジャン・ブルガン、ジャン・クリストフ・ヨッコス、リチャード・ユーウェン・ボーチャーズ、ウィリアム・ティモシー・ガワーズ、マキシム・コンツェビッチ、カーティス・マクマレン、ローラン・ラフォルグ、ウラジーミル・ヴォエヴォドスキー、アンドレイ・オクンコフ、グリゴリー・ペレルマン、テレンス・タオ、ウェンデリン・ウェルナー、スタニスラフ・コンスタンチノヴィチ・スミルノフ、エロン・リンデンシュトラウス、ゴ・バオ・チャウ、セドリック・ヴィラニ、アルトゥル・アヴィラ、マンジュル・バルガヴァ、マルティン・ハイラー[*20]

このリストにあるのは、国際数学者会議で4年に1度授与されるフィールズ賞の受賞者の名前だ。数学界のノーベル賞といわれるものだが、受賞できるのは40歳までという年齢制限があるため、ノーベル賞よりも受賞するのが難しいことで知られている。

これらのリストを見ていると、あることに気づく。

それは、**ここに登場するのは全員男性だということだ。**

唯一の例外は、２０１４年にただ一人、マリアム・ミルザハニが女性としてフィールズ賞を獲《と》っていることだが、それだけだ。

なぜ、こんなことが起きるのだろうか？

そもそも女性の数学者が世界にいないからだろうか？　そうだとしたら、なぜいないのだろうか？

実はここにも、シグナルが大きく関係している。

優秀な女子学生たちに「嘘のシグナル」を送った結果

スタンフォード大学の心理学者スティールとその同僚は、学力の高い一流大学の女子学生たちに高難度の数学の問題を解かせ、次のように説明した。

「君たちも知っているように、女性は男性よりも数学ができないという研究には賛否ある。私たちはこの議論を深めていきたい。女性の中でも数学の成績が良かった君たちを選んだ理由は、そのためだ[*21]」

そして難しい問題を手渡しながら、「過去に同様の問題を解いてもらった女子学生の点数が低かった」というシグナルを送った。これは、嘘のシグナルである。

はたしてどんな結果になっただろう？

グラフ4－2　否定的なシグナルが成績に及ぼす影響

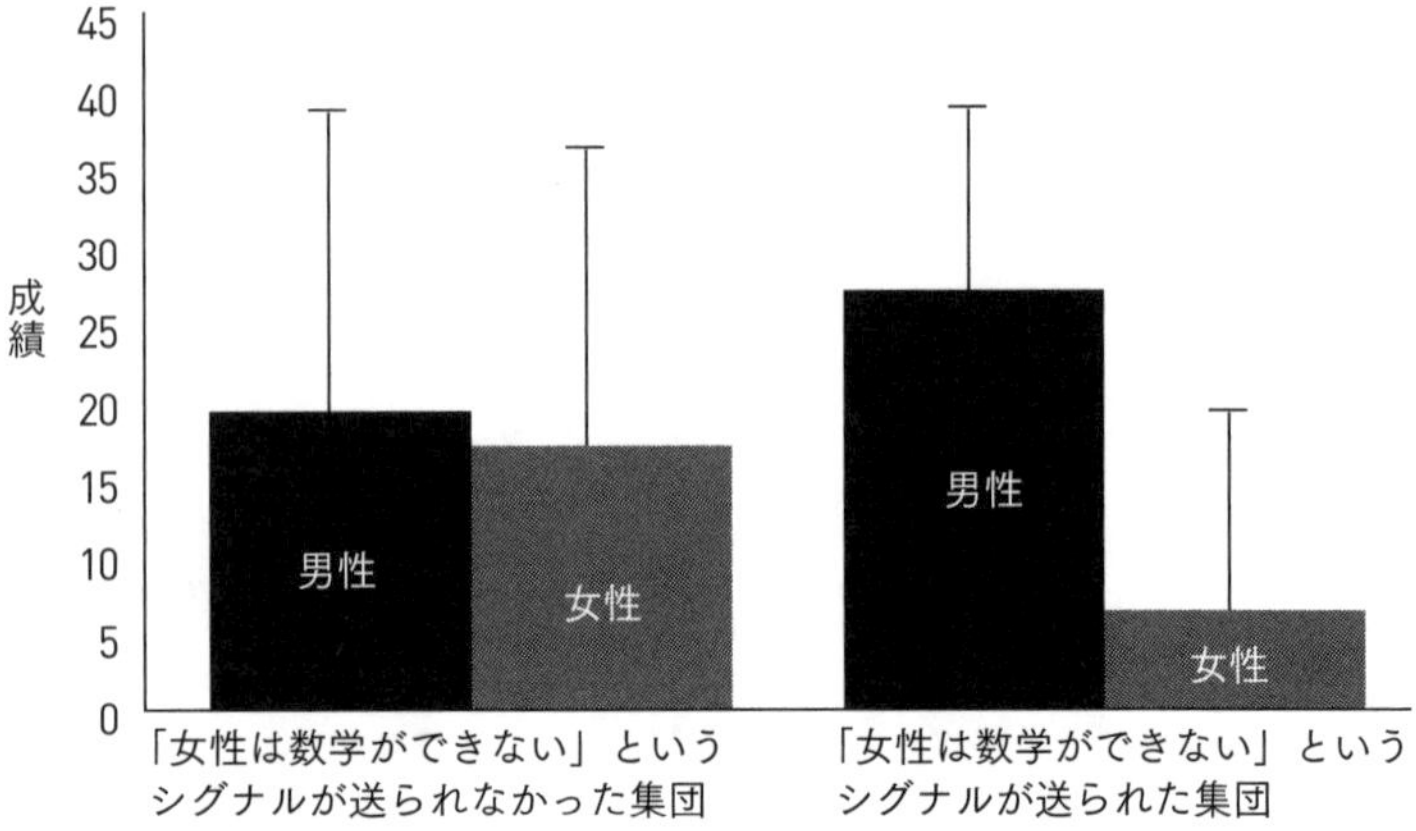

出典：スティーブン・スペンサー他（1999）（＊22）

その結果は、信じられないものだった。〈グラフ4－2〉を見てほしい。右端には缶詰のようにぎゅっと押し潰された形の女子学生の点数を確認できる。

一方、左側は「シグナルを受け取らなかった場合」だ。このときは、男子学生と大差のない結果になった。

「君と同じ分類の人は、成績が良くなかった」というシグナルを送っただけで点数が大きく落ち込んでしまったのだ。

スティールは「男子学生と同じ条件で比較されるという情報を受け取ったときに、女子学生の点数が目に見えて下がった[*23]」という研究結果をまとめた。

私たちはシグナルを受けていること自体に、気づいていない

もう1つ、別の実験を見てみよう。

社会心理学者のジョシュア・アロンソンは、白人の男子学生に難しい試験を受けさせ、このときにこんなシグナルを送った。

「この試験はアジア人の男子学生たちにも同様に受けてもらい、結果を比較させてもらいます」

この結果、アジア人男子学生が隣に座った場合、大幅にスコアが下がってしまった。[*24] なぜだろうか?

実は、アジア人の男子学生たちの数学の点数は非常に高いことで知られている。シグナルがプレッシャーとなってスコアを落としたのは明らかである。

だが、この実験で「なぜ自分の点数が下がったのか」を説明できる学生はいなかった。自分の実力として甘んじたのだ。

つまり、このようなほんの少しのシグナルで人は心を乱し、本来の実力を発揮できなくなってしまうのだ。一般常識、偏見、噂話《うわさ》、想像、差別、様々な形でシグナルはやってくる。

だが、そもそも自分がシグナルを受け取っていること自体に気づいていない。

事実、「アジア人は数学が得意」であるはずなのに、先ほど見た歴代数学者たちのリストの中にアジア人はごくわずかだ。

あなたはこのことに疑問を抱いただろうか？　それとも何も思わなかっただろうか？

「できない」感覚は、ワーキングメモリーを無駄遣いさせる

もう1つ、例を出そう。

アジアの男子学生は、ハーバード大学の学生の約20％、そしてカリフォルニア大学バークレー校の学生の約45％を占めている。ここに所属する学生たちの多くは、「数学と科学で秀でている」というシグナルを楽しんでいるようだ。

だが、そのようなシグナルが消えたＥＳＬの教室では何が起きているだろうか？

ＥＳＬとは、「English as a Second Language」の略で、英語話者ではない人が英語圏での社会生活や学校に溶け込めるように英語を学ぶクラスのことである。

カリフォルニア大学の教育学者グレタ・ボルマーは、ＥＳＬクラスでの様子を研究し、教師が生徒をどのように見ているのかを記録した。

教師B　ロシア人生徒は、一見、連れ立って行動しているようですが、実際には一人ひとりが際立っています。中国人生徒よりずっと。中国の子たちはいつも一緒に行動していますね。ロシアの子たちは違います。自分の気持ちをはるかに上手く表現できますし、活動的です。とても良い子たちですよ。[*25]

教師A　ええ。変なことを言っているように聞こえるかもしれませんが、ロシアの子は、ロシア人だからというより、彼らなりの明確なスタイルがあるんです。逆に中国の子はどうでしょう？　私は彼らと授業以外で話したことがありません。全然口を開かないいんです。話してみようとすらしないんですよ。あの子たちのことはまったく知りたいとも思いませんし、どの子についても何も言えることはありません。本当に1つも！[*26]

ボルマー（学者）　でも、中国の子たちは数学がよくできるという話は、たびたび耳にしますよね。

教師E　ああ、数学ですか？　できるというか――私の見る限り、個人的な特性だと思います。何というか、数学を頑張らせる彼らの文化的な特性でしょう。彼らの行動や考え方は、単に彼らの文化的なものに過ぎません。

それをいうなら、ロシアの子たちにも数学の才能はありますよ。数学の才能は確かなのに、それを存分に発揮しようとしていないんです。地頭は良い子たちですから、ただ努力をしていないだけです。数学は彼らの主力分野ではないのでしょう。ただやらないだけで、潜在的な数学の才能はあると思いますよ。[*27]

教師F　ロシアの子は本当に素晴らしい生徒たちです。とてもやる気があって、早く次に進みたがります。そういう子たちにとっては、授業がすぐに物足りなくなってしまうんです。ロシア人生徒はプログラムにもよくついていきていますし、じきに授業も楽になるでしょう。[*28]

教師C　ロシアの子は本当に優秀です。私の経験上、彼らは、英語の成績もとても良いですし、飲み込みも早い。教師として彼らの話を聞いて、意思疎通ができます。後ろの方に座っているあの中国の子よりもね。中国の子たちは、ここに通うとしても長くて1年？

教師D　……私も同感です。[*29]

ボルマーが授業での教師の反応を観察すると、ロシア人生徒に対しては「多才」「とても社交的」「正真正銘の生徒」という言葉が複数の教師たちから一貫して聞かれた。

一方、見ての通り中国人生徒に対しては散々なものである。

いずれにせよ、この教室にいた中国人の生徒は教室の片隅に縮こまり、静かに光景を見守っていたという。

「劣等生である」というシグナルを受け続ければ、当然行動は制限される。

ドイツの教育心理学者カロリン・シュースターは、「できない」と自己認識している人は、否定的な思考を抑え込むのに相当なワーキングメモリーを消耗すると伝えている。[*30]

「どうせできない」というシグナルの中では、無意識のうちに劣等感と戦おうとしてしまい、多くの精神的リソースを浪費してしまうのだ。[*31]

あなたは今、どんなシグナルを受けているだろうか？

何が自分を縛っているのかを知ることは、悪いシグナルを断ち切るためのきっかけになるはずだ。

勝利を信じる力が良いシグナルを呼び寄せる

チェルシーのその後

彼女は今、ボクシングをしていた

ここは、アメリカのとあるボクシング会場。「レッキングボール」と呼ばれる赤毛の女性選手と、茶髪の女性選手がリングの上に立っている。

審判が試合の開始を合図すると、レッキングボールは相手に向かって力強いパンチを繰り出す。だが、そのパンチはまだまだアマチュアのものだ。

対戦相手はあざ笑うようにパンチを見舞い、レッキングボールはそれをもろに食らってしまった。

「レッキングボール」とは、ビルなどの建築物を撤去する際に使われる巨大な鉄球のことだ。この愛称はコーチがつけたもので、チェルシーのことである。

勤務先の投資銀行で競争に敗れて打ちのめされた、あのチェルシーだ。もともと職場の先輩にストレス発散するように勧められて始めたものだったが、すっかりボクシングにハマってしまった。

チェルシーにはもう一度自分を認めてくれる何かが必要だった。

他人からすればよくある話、一時の失敗に見えるかもしれないが、チェルシーにとっては「存在価値が問われる」大きな問題だった。自分などいなくてもいいと思ってきたこの1年間の悪夢を解消する何かが必要だったのだ。

チェルシーは試合に出たかった。だが、試合に出るには社会人生活でついてしまったぜい肉を徹底的に落として減量しなければならなかった。

ここでも、「頑張って早く一人前になります」とコーチに約束した。かつて夜中の12時になるまでしわだらけのワイシャツで勤務していた真面目さを、ジムでも発揮し始めた。チェルシーは、スーツの下のぜい肉をポップコーンと水だけでストイックなまでに落とした。他のものは何も口にしなかった。

軽々と4・5キロを減らし、過酷なトレーニングに耐えた彼女は、初めての試合の日を迎えた。それが、冒頭のシーンである。

レッキングボールの反撃

体が持つか不安であったが、この中で唯一手にすることのできる小さな勝利、その勝利を感じることが重要だった。

チェルシーは、リングの上で茶髪の選手をもう一度睨《にら》みつけた。

自分が立ち向かっているのは、自分を苦しめた、数えきれないほどの因縁のシグナルなのだ――そう思うと、絆創膏《ばんそうこう》だらけの拳に再び力が入った。

すると、試合の流れが変わった。

チェルシーは3ラウンドから相手の体に強烈なパンチを数発食らわせ、試合の主導権を握った。

終盤に近づくにつれて、チェルシーの攻撃は激しさを増す。相手選手の顔に向け、正面からアッパーカットを放つ。危うく鼻をへし折ってしまうほど良いパンチが入った。

その反撃とともに、審判はチェルシーに判定勝ちを下した。

その瞬間、彼女の友人たちは力の限りに歓喜の声を上げた。

「レッキィーングボォール！　レッキィーングボォール！」

彼女が獲得したトロフィーは、1メートルもあった。その堂々たる大きさは、彼女にはまだやれることがあると語っているようだった。

トロフィーを横に置き、それまで我慢していた食欲を解き放った。お腹《なか》がはちきれんばかりに食べて、酔い潰れたように眠りについた。目覚めた彼女は、生まれて初めて獲得したトロフィーを前に、次のように振り返った。

「私にはまだ価値がある。それに、上手くできることだってある[*32]」

彼女に何が上手くできるだろう? チェルシーにもわからない。そこにはただ、1メートルのトロフィーがあるだけだ。

5
章

内なるシグナルに従う

「いつか世界一の指揮者になります」

良いシグナルを送れ

指揮者カラヤンのチームマネジメント力

「奇跡の演奏」が生まれた日

暗闇の中で1人の男が手を挙げると、ウィーン交響楽団の団員たちの視線が一斉にその手に集まった。

その瞬間、男はすべてを悟ったような顔つきで目を閉じた。

演奏が終わるまで彼は一度も目を開けなかった。目に見えない、音楽の確かな「形」は、目を閉じているときにこそ見えるのだと彼は言う。

そしてその手が穏やかな湖のように静かに踊り始めると、その動きに合わせて団員たちのバイオリンやチェロが、それぞれ音を奏で始めた。

その男が紡いだ音楽は、のちにレコード――世界で2億枚も売り上げる――になることが決まっていた。

同じ時代に生まれ、その場面をじかにその目で見ることのできた、イギリスの最も影響力ある音楽評論家は、その日の光景をこう描写した。

「カラヤンとオーケストラによるベートーヴェンの演奏が終わると、割れんばかりの拍手喝采が湧き起こった。

彼らの演奏は、私の耳にも信じがたいほど素晴らしかった。

バイオリンは風の中の麦の穂のように波打ち、白髪交じりのティンパニ奏者は、ドラムの中から何匹ものウサギを取り出す魔術師のようだった。

あるチェリストが情熱的に弓を動かすあまり、その舞台がまるで揺れているように見まがうほどで、バイオリンは温かな音と澄んだ音を互いに奏でていた。

これは単に秀でた能力のおかげというものでは決してなかった」

この奇跡ともいえる演奏はどのようにして生まれたのだろうか?

この章では、歴史に名を残す指揮者ヘルベルト・フォン・カラヤンのケースをもとに、シグナルとの関係を見ていこう。

視線だけで、「すべてが伝わる」

オーケストラの奏でる音楽とは、チームワークである。

だが、想像してみてほしい。異なる才能を持ち、それぞれにクセのある数十人の演奏者たちが一堂に会したとき、彼らを上手く納得させてベストな音を奏でさせるには、どうすればいいだろうか？

全員が自分は一流だと思っている中で、ごく些細なことにも気分を害し、指揮者と距離を置き、自分流の演奏をしようとする。そんな演奏者ばかりの空間だ。

優れた指揮者は、リーダーとしてどのようにチームを導くのだろうか？

ある団員はカラヤンとの初めての出会いをこう語る。


「彼と初めて一緒に演奏することになった当時、僕はまだ新人で、経験もほぼありませんでした。曲は『ドン・ファン』だったのですが、勉強して自分のパートを練習したとはいえ、僕はそれまでその曲を一度もオーケストラで演奏したことがなかったんです。

僕にはカラヤンが強拍を指示したようにはまったく見えなかったし、それを感じることもできなかった。彼は、タクトを振り下ろさず、ただ虚空で腕を泳がせているだけで、コンマスのように拍子も合わせてくれなかった。それで僕は入るタイミングを逸してしまったんです[*1]」

このように、新人団員はしばしば自分のパートで失敗することがある。そういうとき、たいていの指揮者はすぐさま演奏を止め、彼らを辱《はずかし》めるかのように叱りつける。ところが、カラヤンの対処法はとても興味深い。

「カラヤンは、僕の方にただ目を向けただけでした。

でもその目はまるで『私は自分のすべきことを心得ている。君も自分の責務をわかっているだろう。間違えたところについては、今は何も言わない。だが次に同じパートに来たら、君には私が今何をしているのかわかるだろうし、また私たちも皆、君が何をしているのかわかる』と言っているようでした[*2]」

新人だからといってその才能を過小評価したりせず、カラヤンは肯定的なシグナル――今回は失敗したけれど、次は「君ならできる」というメッセージ――を送っている。再び団員の言葉に戻ろう。

「次にそのパートに来たとき、当然僕はしっかり待ち構えて演奏しました。今度は上手くいきました。カラヤンはもう一度ちらりと私に目をやり、まるで『その調子!』と言っているようでした。もちろん実際に口にはしませんよ。でも顔を見ればわかりました。カラヤンは素晴らしい人です。すぐに打ち解けられましたね[*3]」

カラヤンはまるで魔法のように、何の言葉もなく新人団員を説得し、教え導き、自身の意図する演奏まで引き出している。

アマチュア指揮者が新人を厳しく叱りつけるのとはまったく違うやり方だ。

カラヤンは誰にでもわかる本質的な「音楽的調和」を目指していた。そして彼の練習室では、それが全員に伝わったかのように、みんなが同じ方向を見つめていた。

クラシックの世界の大巨匠となったカラヤンは、どのようにしてこの境地にたどり着いたのだろうか？

カラヤンもまた、順風満帆な成功者ではなく、様々な逆境を乗り越えてきた苦労人である。そしてその道のりには常に、彼の信じるシグナルがあったのだ。

内なるシグナルだけに集中する

カラヤンが指揮者になることを選んだ理由

多才な少年の挫折体験

幼少期、カラヤンは多くの才能に恵まれていた。

学校の成績表には「何事も良くできる」と記されていたし、数学はトップではなかったが、それなりの成績を収めていた。

サッカーが好きでゴールキーパーとして活躍し、兄は「弟はずいぶんとサッカーに夢中だった」と語った。

とはいえ、レギュラーになれるほどの実力には至らなかった。スキーも好きで、アマチュアスキーヤーとして選ばれたこともあった。

中でも、一番の才能を発揮したのがピアノだった。

カラヤンは、「学校の勉強もしなきゃいけないうえにピアノの練習も……となると、自然とストレスが多かった」[*4]と話すが、父親は、教養としてピアノくらいは身につけておくべきだと考えていた。

父親の日記には、成長する息子の写真をアルバムに残すように、息子のピアノの演奏について誇らしげにこう書かれていた。

「1917年4月15日、ヘルベルトが初めて家族の8手連弾に加わった。ハイドンの交響曲第103番『太鼓連打』の演奏だ。（……）1917年4月19日。8手連弾。メンデルスゾーンの交響曲『スコットランド』。ヘルベルトは、素晴らしいリズム感覚と演奏テクニックを披露した[*5]」

両親は息子に教養を身につけさせるつもりでピアノの前に座らせたが、息子は自分の指から奏でられる音に魅了された。

ピアノに一身に打ち込み、プロのレベルにまで行き着いたが、運命は少年に腱鞘炎《けんしょうえん》をもたらした。そのうえ、難しい曲を弾くと限界が目に見えた。

少年がピアニストとして決定的な挫折を味わったのは、1926年5月12日に演奏した「パンチョ・ヴラディゲロフのピアノ協奏曲第1番」だった。

非常に難しい曲だったため、2週間全神経を集中させて練習に取り組んだが、少年は悟らざるを得なかった。自分の指が奏でる音楽には限界があることを――。

10年もの間、毎日4時間ピアノの練習をしてきたカラヤンだったが、このときピアニストになるという夢をあきらめた。

だが、カラヤンは夢多き少年でもあった。

科学技術研究所で格好よく白衣を身にまとう科学者への憧れもあったのだ。青年になり、ガソリン機関の時代の終わりを確信すると、その後続モデルを自分が発明すると意気込んでいたこともある。両親もこの夢を喜んで応援しようとした。

しかしながら、カラヤンが最終的に選んだのは、指揮者の道だった。

なぜ、指揮者だったのか?

カラヤンを研究してきた伝記作家たちは、彼の性格をシンプルに1文で述べている。

「カラヤンは、まったくもって人の言うことに従うタイプではない」

カラヤンは多才で、好奇心旺盛《おうせい》な少年であった。

だがそれは、自分を心から幸せにしてくれると信じる唯一のもの――つまり、自分の運命を絶対的に左右するものをいつでも一心不乱に探し求めていたからだ。

　兄のヴォルフガングは、カラヤンが18歳か19歳のときに話していたことを思い出す。


「兄さん、進路は別にどうでもいいんだ。指揮であれ、スキーであれ、もしくはカーレースだって。ただトップになりたいだけさ」


　カラヤンには、そこそこの4年制大学を出て、そこそこの会社に入れる実力もあったし、体育にしても教師になれるくらいの技量があった。

　だが本人は、そこそこの人生など一切求めていなかった。

　そんなカラヤンの夢の原体験となったエピソードがある。

　6歳のときである。カラヤンは水力タービンで動く発電機の電源を点《つ》けた。タービンの管理人とともに小屋の扉を開け、そこで長いレバーを引き下ろす作業を手伝ったのだが、それはカラヤンにとって生涯忘れることのできない経験となった。レバーを引くと、発電機が轟音《ごうおん》を立てて動き出し暗闇の中に閃光《せんこう》が走る。そして、街全体に明かりが灯った。その瞬間が目に焼きついて離れなかった。

　たった1つの動作が、まわりのすべてを動かし、明るく照らしだす。

　大人になってその光景を思い出したとき、そのためにすべき仕事は科学者ではなく、「指揮者」だったのだ。[*6]

ただひたすらに、内なるシグナルに従う

この決断に、父親は猛反対した。

ピアノを弾く息子の姿を誇らしげに書き記していた自身の日記は間違いだったと思った。なぜこの子は、ガソリン機関の新時代を切り開こうとせずに、金にならない指揮棒なんかを振っているのだ？

両親とカラヤンは、互いの妥協点を探した。音楽の勉強を続けるにしても、何でもいいから技術の資格を取得すること。

約束通り、仕方なくカラヤンは工科大学に進学する――。が、実際に講義に出席したり課程を履修したりしたことを示すものは何もない。

彼が人の言うことに従うタイプではないというのが、あらためてわかるだけだった。

カラヤンは自分の内側から発せられるシグナルにだけ集中したのだ。

工科大学の前にある彼の下宿先では、聴き慣れた音楽がよく聞こえてきた。

下宿先の主人は、カラヤンが一日中部屋にこもって蓄音機でレコードをかけながら楽譜を見つめて指揮に没頭していたと振り返る。

主人がカラヤンに遠慮がちに近づいて、空中に向かって何をしているのかと尋ねると、彼は確信に満ちた表情で、こう答えた。

「練習しているんです。いつか世界一の指揮者になります」

良いシグナルに従うことで生まれる「我を通す力」

カラヤンのプロ意識の源流

それでも、指揮にだけ没頭する

その後、カラヤンは音大に入学した。

指揮科目を希望したが、運の悪いことにその科目を教えられる指揮者がいなかった。

さらに困ったことに、学校では様々な音楽理論や歴史など、指揮以外のことについても相当な完璧さを求められた。

しかし、カラヤンはこの環境でも自身の我を通そうとした。

音楽史の成績はB。余計な知識は覚えなかった。作曲もしろという学校の指示にも従わなかった。「指揮」だけに専念したのだ。

学校はカラヤンに対し、厳しい対応をした。

「作曲を含むすべての規定科目で合格できなければ、指揮課程の履修は認めない」と釘を刺したのである。そのうえ作曲科目の試験では、大学の最高権威者であり、「最も完璧な音楽家」と評されていたフランツ・シュミットに実力を認められなければならなかった。

なぜ指揮者を目指す学生に作曲まで求めるのか？

それは社会が勝手に決めた才能の判断基準のようなものだった。

偉大な数学者を目指す学生に科学や技術、言語、歴史などを必須科目として求めるように、指揮者として楽譜を表現しようとするなら、いっそのこと楽譜も書けるに越したことはないと考えるのだ。

学生たちは自分なりの新しいメロディーを絞り出し、音楽史と音楽に関する様々な教養を一夜漬けで詰め込んでくる。

実際に指揮者の歴史を振り返ると、偉大な指揮をしながらも同時に偉大な曲を残した人物は10人にも満たない。

完璧な音楽家も折れた、カラヤンのプロ意識

それでもカラヤンは、指揮棒を振る訓練しかしなかった。

このことを問題視した学生は1人もいなかった。むしろ皆カラヤンの味方だった。

「彼の指揮の才能はずば抜けていて、彼を落第させるなんてあり得ないことだったのでしょう」[*7]

そうこうするうち、作曲の試験で歩み寄ったのはカラヤンではなく、学科長のシュミットの方だった。

「この若者が作曲の課題を提出したくないと言うなら、それでいい。だが、最低でも管弦楽の編曲力があることは証明してもらおう」と半ば折れたのだ。

結局カラヤンは、ベートーヴェンのピアノソナタ第3番ハ長調の作品2―3の第1楽章を管弦楽用に編曲した。

そして、続く指揮の試験でカラヤンは審査員たちを驚かせた。

他の生徒たちが素早くオーケストラに指示し、音楽を奏でだすのに対し、カラヤンは演奏を始めなかった。

その舞台であれこれと指示を出し始めたのである。

「トランペット、1人ずつ吹いてください」

「いえ、その部分にリズムはありませんよね」

そうやって最初のトランペットの導入部分だけでも約10分を費やした。

すると、審査員長を務めたフランツ・シュミットが立ち上がって、「試験は終わりだ」と言った。[*8]

シュミットは戸惑う審査員たちを前に、こう言ったのである。

「皆さん、私が見る限りもう十分かと思います[*9]」

カラヤンはシュミットの言葉を称賛と受け止めた。その証拠に、カラヤンの成績表には異例の「合格」がついたのだ。

カラヤンは、オーケストラの扱い方がよくわからないまま、ぎこちない手つきで曲を奏でるアマチュアの学生としてではなく、「本当の指揮者」のように振る舞った。

完璧に指揮をするためには、トランペット一つひとつから細かく確かめていかなければならない。シュミットは、指揮者の本質を見出そうとするこの青年の実力を、大学の慣例を覆して認めたのである。

イメージし、理解してから行動せよ

この出来事については、1960年代にシカゴ大学のジェイコブ・ゲッツェルスと世界的な心理学者のミハイ・チクセントミハイが行ったクリエイティビティの研究を参考に取り上げたい。

研究チームは美術を専攻する学生たちに静物画の課題を与えた。そしてその課題への取り組み方から、学生たちを2つに分類した。

1つは対象物をさっと見ただけですぐに絵を描き始めた学生たち。彼らは「どうすれば上手く描けるか?」ということだけを考えて素早く絵に取りかかった。

そしてもう1つのグループは、対象物を見たり、触ったり、違った配置にしてみたりと、描き始める前に相当な時間をかけていた学生たちだ。彼らは「どんな構図で描けば最も美しく描けるか?」と考え、その絵自体を完璧に表現しようとすることに長い間集中していた。

そして実験が終わったあと、チクセントミハイが発見したのは驚くべきことだった。

絵を描くようにという指示に受動的に反応し、すぐに絵に取りかかった美術が得意な学生たちよりも、絵自体に意義深く取り組んだ学生たちの方が、ブラインドテストの結果、美術の専門家たちからはるかに創造性があると評価されたのだ。

チクセントミハイはこの発見に至るのに、彼らの成績表を確かめるまでもなかった。そもそも学生たちを成績で順位づけすらしてもいなかった。

チクセントミハイが確かめたかったのは、**自分が身を置く分野でその本質に迫ろうとすることが本当にその学生の能力を伸ばすのかという問いの答え**だった。

学生の成績を問うのではなく、自分の分野に対してどれだけ明確な意味を探ろうとしているのか、そういった姿勢が及ぼす影響を確かめるための実験だった。

この研究は長期的な調査が実施された。10年後、驚くべき結果が得られた。

当時の実力とは関係なく、最も優れた美術作品を生み出そうと努めた学生たちが、10年後に美術分野で成功を収めていることがわかったのだ。

自分にとってのバッファローを見つける

カラヤンは大学を卒業後も、変わらず本質を求め続けた。

アマチュアのオーケストラはリハーサルを3回もすれば満足した面持ちで舞台に上がるが、カラヤンのオーケストラは、実に60回以上の厳しい練習に耐え続けなければならなかった。[*10]

そうでなければカラヤンが舞台に上がることを許さないのだ。カラヤンは中途半端にオーケストラの音を奏でる人物ではなかった。

カラヤンはのちに、自身の哲学についてこのようなたとえ話をしている。

「ある日、とある青年が教えを乞いに師のもとを訪れました。

すると師は、両親について瞑想《めいそう》するよう言い、青年を自分の小屋に招き入れました。

戸口は狭く、葉で屋根を葺《ふ》いた小さな小屋でした。青年は外に出てきました。どうしても精神統一できなかったのです。

すると師は薔薇《ばら》について瞑想するように言いました。

でもやはり上手くいきません。すると師が青年に尋ねました。

『お前の一番大切なものは何かね？』

するとと彼は、農場にいるバッファローだと答えました。

『それならもう一度小屋に入って、そのバッファローについて瞑想しなさい』と師は言いました。

いくら時間が経っても青年は出てきません。師は心配になり、何かあったのではないかと青年を呼びました。

青年は言います。

『困ったことが起こりました。扉が狭すぎて、角が引っかかり出られないのです』

すると、『ようやく第1関門を越えたようだな』と師が言いました。

作品と私が渾然《こんぜん》一体となるのは、これと同じことです[*11]」

自分を敵視するシグナルに目を向けてはいけない

カラヤンの苦難と、世界一までの道のり

カラヤン、初めての仕事

ドイツのウルム市立劇場の総支配人、エルヴィン・ディートリヒには人材探しの任務があった。

しかし、劇場の予算がほとんどなかったため、新卒の中から少ない月給でも受けてくれる情熱のある者を選ぶつもりでいた。

そんなときに、カラヤンと出会う。世情に疎《うと》く、指揮棒を魔法の杖《つえ》でも振るかのようにところかまわず熱心に振り回すこの青年に、この安月給の仕事を任せてみよう。ディートリヒが申し出ると、カラヤンは戸惑いを見せた。

どうしても指揮者にはなりたい。そのためにどれほど多くのことをあきらめただろう？人並みに工科大学を卒業してほしいという両親の思いすら断ち切ってきたのだ。

そしてカラヤンは、ディートリヒに条件を1つ提示した。

「新しい作品を指揮する機会を頂けるのなら、喜んで引き受けましょう。1週間経ってお気に召さなければ、そのときはすぐに出ていきます。ただ、私が指揮する作品は、直接リハーサルできるようにしてください」

彼は丁重にリハーサルも要求していた。

ディートリヒはその姿をすっかり気に入った。安月給にもかかわらず、こんなにも謙虚だとは。アルバイトが正社員よりも一生懸命働くと面接官に意気込んでいるようなものだった。

カラヤンは、学校を卒業したばかりのため、実際にオペラを本格的に指揮した経験はない。しかし、オペラへの情熱だけは誰にも負けない、期待してもらってかまわないと自らを客観的に評し、ディートリヒに売り込んだ。

「楽譜も読めない労働者」のオーケストラ

だが、現実は期待とは違った。カラヤンは仕事場で初めてオーケストラの実力に触れた瞬間、危うく卒倒しそうになった。

楽譜上では、9つのトランペットが華麗なファンファーレを鳴らすところで、1つのトランペットだけが、力任せに音を鳴らしていたのだ。

合唱団はさらにひどかった。カラヤンは「楽譜も読めない肉体労働者だ[*12]」と非難した。乱暴だが、それでも感情を押し殺した表現だった。

この「肉体労働者」という表現に、後日、地方紙のズュートヴェスト・プレッセは「恩を仇《あだ》で返すような物言い」だとカラヤンを非難した。

だが、伝記作家は次のように記している。

「合唱団は大部分がアマチュアで、ボランティア同然で参加している真面目な市民たちだった[*13]」

ついでにいうと、カラヤンの給料も予想以上にひどかった。

オーケストラ団員の給料が240マルクほどなのに対し、カラヤンの給料は80マルクだけだった。それで家賃や食費、古いオートバイに入れるガソリン代までまかなわなければならなかった。

同じ服を2日続けて着ることなどしょっちゅうで、悪臭を放つ洗濯物は母に送った。そのたびに母は歯磨き粉と石けんを小包で送ってきた。

しかし、惨めだの何だのと愚痴をこぼしている場合ではなかった。

カラヤンはディートリヒに遠慮がちに給料の値上げを要求し、団員たちもカラヤンを可《か》哀想《わいそう》に思い、同情してくれた。けれどディートリヒは一蹴する。

「ふざけたことを言うな！ 彼は見習いだ。ここで学んでるんだから、こっちが授業料をもらったっていいくらいだ[*14]」

ディートリヒの言う通りだった。こうしてカラヤンの20代前半は過ぎていった。

頭の中に鳴っている理想の音色にだけ集中した

多くの時間をウルムで過ごし、別の地へ移ろうとカラヤンが考えている頃だった。当時のとある人物たちの会話を聞いてみよう。

助手「彼はウルムの若き指揮者、カラヤンです」
ラインハルト「ウルムだって？ 彼はどのくらいそこにいたんだね？」
助手「5年です、教授」
ラインハルト「ウルムで5年か……」
ラインハルトが残念そうに頭《かぶり》を振った。

「何の役にも立たんだろう*15」

それがカラヤンへの評価だった。のちに「超人的な指揮者」としてカラヤンがその名を世界に馳せると、英語圏の国々は、ウルムというだけで彼の才能を疑った。ウルムとは、そういう場所だったのだ。

さらに、当時のドイツは第1次世界大戦の敗戦国で、天文学的な賠償金の支払いにより最悪のインフレに直面していた。失業率は衝撃的なまでに高く、こんな状況下で職に就くこと自体、幸運なことだった。

当時、自身の境遇をカラヤンはどんなふうに思っていたのだろうか？
「そんなひどい楽団だと、あなたの音楽の邪魔になったのではないですか？」とある記者が尋ねた。しかしカラヤンは、とてもシンプルで明快な答えを聞かせてくれる。

「目の前でどうしようもないオーケストラが演奏している間、頭の中では理想の音を聴き、別のオーケストラを指揮していたので問題ありません」

カラヤンは、まわりのすべてを正確に、かつ必要に応じて強力に断ち切っていた。

カラヤンにとって重要だったのは、頭の中で鮮明に聴こえる理想の音色だけだったのである。

光り輝く才能が引き寄せた「食えない嫉妬《しっと》」

大事なことを見失うことなく、カラヤンは自分の行うべきことをした。

ウルムの「肉体労働者の集まり」であったオーケストラも、カラヤンの指導によって見違えるほどに成長した。

カラヤンは自分にも楽団にも厳しいノルマを課した。1日きっかり18時間練習し続けたのだ。そして6週間後。団員たちはオペラ『フィガロの結婚』を演奏した。

大した期待もしていなかった観客だが、演奏後には「信じられない」と言わんばかりのスタンディングオベーションが送られた。

そのような成果が認められるようになり、カラヤンはついにウルムから抜け出し、見事、国立歌劇場でデビューを果たす。

マスコミは彼を「ワンダフル・カラヤン」と呼び、大々的に取り上げて、ベテラン指揮者もカラヤンから指揮法を学び直すべきだと手のひらを返した。

だがカラヤンは、今度は古参の指揮者たちから目をつけられ、反感を買うことになる。世界のエリートコースを地道に歩み、何十年もその分野のトップであった巨匠たちにとって、大した経歴もない若造が脚光を浴びることがどれだけ許しがたいことか、想像にかたくない。

特にカラヤンを敵視していたのは、当時、ベルリン・フィルの指揮者をしていたヴィルヘルム・フルトヴェングラーである。ベルリン・フィルは世界一の楽団であり、つまり、フルトヴェングラーは世界一の指揮者であった。

この大御所に目をつけられたカラヤンは、様々な嫌がらせを受ける。フルトヴェングラーの意向と周囲の忖度《そんたく》によって出演機会を失うことも多々あった。

だが、自分にとって大事なものが何かを理解しているカラヤンは強かった。

「たとえ今、公の場で指揮できなくても、きっと私の時代が来る。誰もが誰かを敵視する権力闘争は、やりたい奴に好き勝手にやらせておけばいい。当分の間は静観しておこう。冷静にそして信念を持って、その時を待つだけだ*16」

その言葉通り、裏でどんなロビー活動が行われていようと、カラヤンは意に介さず、自分のなすべきことを行った。

それどころか、自分を敵視するフルトヴェングラーのコンサートに変装して入り込んでいたこともあった。なぜか？　カラヤンはこう答えている。

「トスカニーニとフルトヴェングラーは、指揮者として至高の域に達していました。そんな2人の強みを1つに融合するのが私の最終目標だったんです*17」

トスカニーニとは、20世紀最高のクラシック指揮者に数えられる人物で、「指揮者は、作曲家が生み出した音楽の単なる伝達者だ」と言って楽譜に忠実な音楽を伝えようとしていた。一方のフルトヴェングラーは即興的で主観的なインスピレーションを武器にしていた指揮者である。

カラヤンはこの2人の巨匠のあとを静かに追い続け、彼らの中間を維持しながら独自の音楽の世界を築くことを最終目標に据えていたのだ。

あらゆる敵対的なシグナルにも動じない

虎視眈々《たんたん》とトップを狙うカラヤンだったが、彼を敵視していたのは大御所の指揮者だけではなかった。

当時カラヤンが率いていたオーケストラの団員たちもまた明確な悪意を持っていた。綺羅星《きらほし》のごとく一堂に会した世界的な秀才たちが、ウルムで舞台の床掃除をしていた人間の手に率いられなければならないことは、屈辱だったのだ。

フィルハーモニア管弦楽団の首席団員は、巡回公演をしているときベートーヴェンの交響曲『田園』でカラヤンの指示を無視し、少し遅いテンポで演奏したことをイギリスメディアのインタビューで答えている。だが、カラヤンは意外にも何も指摘してこなかったと言う。

また、オーケストラの後方に座っていた団員は、ベートーヴェンの交響曲第5番の演奏でわざとめちゃくちゃな演奏をしてみた。ところがカラヤンは、気づいていないようだったと言う。

本当に気づいていなかったのだろうか？　カラヤンは答える。

「めちゃくちゃな演奏には気づいていました。でも私に何ができるでしょう？　彼らを会場の外へ引きずり出したとしても、騒ぎになるだけです」

彼らの不遜《ふそん》さをカラヤンは見抜いていたのだ。自分をあざ笑う彼らの表情の前でも、カラヤンが動じることは一切なかった。

「彼らは音楽を単なる仕事と考え、楽譜に示されている以上の音色を出すことができなかった。だから彼らと別れるのは惜しくありませんでした」

そして、夢は叶《かな》った

どんな妨害に遭ってもカラヤンは目を閉じ、静かに指揮棒を振り続けた。動揺することなく、選択と集中を経て、その実力も名声も高まっていった。

カラヤンを最も敵視していた世界一の指揮者、フルトヴェングラーは1954年にこの世を去る。

するとその翌年、カラヤンはフルトヴェングラーが手放したベルリン・フィルの指揮者の座を満場一致で手にし、終身芸術監督も兼任することが決まった。

カラヤンは名実ともに世界一の指揮者になったのだ。

あらゆる障害や周囲の敵意を飛び越えて、一番大切なものに最後まで専念し続けた。

もしも敵対的なシグナルに反応していたとしたら、彼の経歴はフィルハーモニア管弦楽団で終わっていただろうと、カラヤンの生涯を研究した伝記作家たちは指摘する。

最後に1つ、象徴的なエピソードを紹介しよう。

カラヤンが指揮する途中、あるオーケストラ団員が音を間違えて、カラヤンに謝ったことがあった。

「申し訳ありません、先生。ハエが楽譜の上を飛び回っていたんです。それで気を取られて、音を間違えてしまいました」

カラヤンのひと言は、皆をはっとさせた。

「気にすることはない。そのハエにも一緒に演奏してもらえばいい[*18]」

最高の環境が最高の人材を育てるわけではない

神に愛された指揮者、クラウスのケース

すべてを持っていた天才

カラヤンが世界一になるまでの道のりを紹介したが、ここでもう1人、別の音楽家を紹介しよう。

カラヤンよりも一まわりほど歳上のクレメンス・クラウスだ。

1893年にウィーンの名門一家に生まれたクラウスは、才能も環境も外見も整った、「すべてを持っていた」といってもいい逸材だった。

父は裕福な銀行家の家庭に生まれた大公で、母親は息子の音楽の才能を理解し、受け入れることのできる才能あふれる女優だった。さらに祖父は孫の視野を広げてくれる外交官

だった。

恵まれた家庭環境と裕福さの中で、少年は自分の才能を思う存分発揮した。

8歳のときにはなめらかなシルクのような歌声で、世界的な名声を誇るウィーン少年合唱団から声がかかった。

クラウスはウィーン少年合唱団に入り、音楽全般に対するトレーニングを受け、指揮者を目指すようになる。もちろん、両親も音楽の道に進むことを応援していた。

そして、クラウスはすぐに指揮の世界で頭角をあらわす。

1912年に音楽院を卒業し、20代になったクラウスにはブリュン国立オペラ劇場の合唱指揮者の職が与えられた。

さらに、神がかったような管弦楽法で交響詩史上、最大の業績を残した巨匠、リヒャルト・シュトラウスもクラウスに注目していた。2人はすぐに良き師弟となり、互いを強く引き上げ、そして押し上げた。

シュトラウスは「私が音楽に込めた以上のものをクラウスが引き出してくれる」と語るほどであった。

わずか29歳で名楽団であるウィーン国立オペラ劇場の指揮者になり、指揮棒を振る一方で教授の職も与えられた。

なぜか、「一流」から「そこそこ」への転落

しかし、それから不思議なことにクラウスの活躍はみるみる減っていく。それなりの公演をしていたものの、それ以上に「心動かす何か」がなかったのだ。

人々のクラウスへの関心は離れ始め、その後はシュトラウスの自叙伝にときおり名前が登場するくらいで、再び花開くことはなくそのまま生涯を終えてしまった。

才能にも環境にも恵まれた人が、なぜその才能を最後まで伸ばし続けることができなかったのだろうか？

クラウスが良くもなければ悪くもない指揮者に成り下がったのは、偶然ではない。最高の環境がずっと与えられ続けると、逆にその環境が足枷《あしかせ》になり始めるからだ。

あるとき、記者がカラヤンにこんな質問をしている。

「あなたの経歴を見ると、あんな実力のないオーケストラにどうやって耐えたのか不思議です。一流ではないオーケストラとともに演奏するというのは、指揮者を育てるという点で、どのように役に立ったのでしょうか？*19」

「実力のないオーケストラと仕事をするのは、いいレッスンになり得ます。もしあなたが

実力不足のオーケストラに耐えることができたら、それだけでも十分な価値があるということです。最高のオーケストラだとしても、オーケストラというのはいつも同じ場所でつまずくものです。ですから、ここで多くの経験を積むことができます。

いくら才能に恵まれた指揮者でも、実際に最高のオーケストラと組んでも何もできないこともあるんです[*20]」

カラヤンは、自身の才能が輝き始めるときに何の申し分もないような環境が提供されるのは、むしろ危険だと指摘している。

「そういった指揮者は、そこそこ実力のあるオーケストラや優秀なオーケストラとの演奏では素晴らしい指揮をしてみせるのに、最高のオーケストラとの演奏では両手をきつく縛られたみたいになってしまうんです。まるで呪いにかかったように[*21]」

さらに、こうも述べている。

「人々は、突然の大成功を収めた人に過度の期待をかけることがあります。こんな演奏は一度も聞いたことがないと言うんです。そんなのは奇跡です。その人は多くのコンサートで指揮するでしょうが、やがて上手くいかなくなります。そして良くもなければ悪くもない公演をするようになり、そうなると人々は失望するのです[22]」

才能にとって環境は重要な問題だ。恵まれすぎていることは、カラヤンの言うように「呪い」を生み出すことがある。

自分の仕事に、自分の人生に「何を求めるべきなのか」「改善の余地はどこにあるのか」がわかりにくくなってしまう。

そしてそのうちに、「自分はやれる」という肯定的なシグナルが消えていく。肯定的なシグナルが消えてしまうと、今度は否定的なシグナルがやってくるのだ。

カラヤンを敵視していた世界一の指揮者、フルトヴェングラーはクラウスにも目をつけ、口撃したことがある。

「クラウスはレベルが『低い』だけでなく、そこそこ洗練された落ち着きと専門家たちの好む技巧を除けば、魅力が何もない。迫力や温かみなどはこれっぽっちもありません。そう考えると、ドイツの真の芸術家と呼ぶにはとうてい値しませんね[23]」

ひどい言いようだが、カラヤンに対する露骨な妨害と比べれば軽いジャブ程度のものである。ところがクラウスはこの言葉に動揺し、以前のようには自信を持って指揮できなくなってしまった。

自身に対する否定的なシグナルは、それを断ち切ったことのない人間には大きな動揺を与え、致命的な弱みとなる。そして、この弱みは巨大なうねりとなって暴れだす。

自分にとっての「本質」を知っておかねば、この悪いシグナルのうねりを根本から断ち切ることはできない。

「1万人に1人の才能」の嘘

神経学者レヴィティンらの研究より

プロと素人の差を生み出すもの

これまで掘り下げてきたカラヤンの成功談を、懐疑的に思う人がいると嬉《うれ》しい。彼の話には多くの教訓が秘められているが、そもそもカラヤンには音楽の才能があったはずだ。そんなものは、再現性などないのではないか？ と。[*24]

世界中の研究では、カラヤンのような絶対音感は1万人のうちたったの1人しか持てない[*25]と考えられている。絶対テンポになると、熟練のジャズミュージシャンでは、CDに録音されたものとわずか5％しか差が生じない。[*26]

スタンフォード大学の学生を対象に調査したところ、自分にその才能があると回答したのは46人中たったの2人だった。

ところが、世界的な神経学者のダニエル・レヴィティンは、まったく別の研究結果を示している。

神経細胞レベルで見れば、絶対音感はすべての個人に存在するものであることがわかっている。可聴域ならば、誰でも該当する音に神経学的に反応することが証明されているのである。

では、なぜ1万人に1人しかその才能を開花させられないのか？

レヴィティンが音響学的な能力を精密に測定した結果、その理由は自分の音楽の才能を正しく育む練習を、社会、または自らがあきらめてしまったからだと報告されている。[*27]

また、レヴィティンはテンポについてもこんな研究をしている。

自分に音楽の才能はないと思っている一般人を対象に、毎日のように同じ曲を聴いてもらい、その曲に対する絶対テンポの正確さを測定するという実験だ。

この結果、なんとテンポの差は8％だった。[*28]プロとの差は、わずか3％しかなかった。

プロの音楽家と一般人の違いは簡単だ。プロはただ、より多くの曲をより多くの回数聴き、自分がプロだというシグナルに合わせて過ごしてきたに過ぎないのだ。

「音楽だけはできません」

もう1つ、興味深い研究を紹介しよう。

音楽学者のカルロス・アブリルは、小学校の教育実習生に調査を行った。

対象となるのは、言語、数学、社会、科学、技術など全般的には有能だが、音楽だけは才能がない実習生である。実習生たちの言葉を見てみよう。

「私はずっと音楽ができないと言われてきましたし、その言葉は、長い時間をかけて石のように硬くなっています。もちろん、私には声があります。当然、話すこともできますし、他人とコミュニケーションを取ることもできます。ただ……音楽だけは、才能なんてないんです[*29]」

「私の成績はオールAです——音楽さえ除けば。音楽は、平均のAを押し下げる汚点でした。音楽の才能を評価されることは、私みたいな人間にとってはただの恐怖でしかありません。いくら努力してもダメなものはダメなんです[*30]」

数学や科学では誰よりも胸を張って立っていたのに、いざ音楽になるとこの調子だ。

実習生たちの音楽の才能がどうして奪われてしまったのか、アブリルは次のように記している。

「何よりも、音楽に関して自分には何の才能もないと彼らは思い込んでいる。その考えは、音楽のクラスで教師から受けた評価によって、どんどん頑《かたく》なになっていき、彼らを音楽から離れさせてしまった[*31]」

彼らが音楽の才能にふたをした一番のきっかけは、教師から良い評価を得られなかったという経験にあると言うのだ。彼らは「自分には音楽の才能がない」というシグナルを受けるや、音楽への興味を失ってしまった。

アブリルの研究の中で最も印象深かったのは、50代の中年女性だ。彼女もまた「教師になりたい」と考える教育実習生であった。

だが、この女性が音楽について受け止めてきたシグナルとその影響は最も強固だった。音楽に関してはあらゆる授業を避けてきた。指導教授に音楽科目だけは免除してほしいと懇願するほどである。

その恐怖は、体にもあらわれた。歌うときになると彼女の首に赤い発疹《はっしん》があらわれるのだ。彼女の顔は音楽の時間ずっと床に向いていた。

「私には音楽の才能がないので、歌うのがとても怖いんです[*32]」

否定的なシグナルを初めて受け取ったのがいつだったのかを尋ねると、40年前であった。彼女は当時の出来事を鮮明に記憶していた。

アブリルは、絶対音感と絶対テンポの教訓を、セメントのように固まってしまった場所に植えつけ始めた。

すると、ある変化が起きる。

彼女は数十年にわたって「音楽はできない」という否定的なシグナルを受け続けてきたが、実はもう1つ大きなシグナルを持っていた。

それは、「教師になる」というシグナルだ。彼女はどうしても教師になりたかった。

アブリルが数週間後にひそかに教室を訪れると、なんと彼女が子どもたちに音楽を教えていた。

「音楽の時間は、怖くて全身が震えましたが、そのたびに先生が話してくださったことを思い浮かべました。先生は私にとって救世主です。メトロノームまで持ってきて、私にも音楽の才能があるということを証明してくれました。私にも音楽の才能があると言ってくださったのは、単なる気休めだったとは思いません。その言葉は私にとって新たなシグナルになりました[*33]」

彼女に赤い発疹が出ることはもうなかった。

「いざ音楽を教えないといけないときになって、気づいたんです。自分にもできるって」[*34]

信念のシグナルは運命も変える

女性指揮者の先駆者となったカドゥフのケース

夭逝《ようせい》の天才、カンテッリとその後継

ここまで音楽についての事例を見てきたが、最後に1つだけ「もう1人のカラヤン」の例を紹介させてほしい。

イタリア出身のグィード・カンテッリは世界的な音楽エリートだ。濃い眉に目力のあるカンテッリの才能は、学生の頃にすんなりと見出された。

20世紀最高のクラシック指揮者に数えられるトスカニーニは、カンテッリを一目見るや、「彼にぴったりだ」とNBC交響楽団の指揮者の席を思い浮かべた。

カンテッリの指揮の才能はすぐに楽団員皆から認められ、団員たちが自身の才能をカン

テッリの手に委ねる準備もできていた。

それを見守っていたトスカニーニは、嬉しそうにカンテッリを自身の後継者に指名した。彼の喜びは浮かれた口調で次のように記されている。

「カンテッリのような宝石を発掘し、世界的なNBC交響楽団の舞台に立たせることができて心から嬉しく思う。彼もこの機会を大いに喜んでいる。

こんな類まれな才能を持った若者は、私の指揮者人生で見たことがない。

彼は、きっと世界でも唯一無二の成功者として後世にその名を残すだろう」*35

しかしトスカニーニは、カンテッリに迫る死の影まで見通すことはできなかった。カンテッリの運命は、彼の乗った飛行機とともに36歳という若さで終わりを迎える。

20世紀最高の才能の蕾《つぼみ》はそうして潰《つい》えてしまった。

彼の才能が虚《むな》しく消えてしまったことを嘆いた音楽界では、彼の名を冠したコンテストを開催し、第2のカンテッリを見出そうとした。

「もしあなたに才能があるなら、私たちがあなたを手本にするでしょう」

舞台には、優しい外見の短髪の女性が1人危うげに立っていた。優しい顔つきで指揮棒をくすぐるように振るこの女性のことを、審査員たちは不快そうに見つめていた。

審査員たちには、こんな短髪の女性が数十人の男性楽団員たちの才能をまとめ上げ、指揮する姿を想像できなかったのだ。

彼女はその視線に気づきながらも、オーケストラを最後まで指揮したが、その指揮棒はわずかに震え、審査員たちは彼女の努力不足、才能不足だと考えた。

コンテストから帰宅した短髪の女性は、シルヴィア・カドゥフといった。

カドゥフは幼い頃から指揮者は自分の天職だと考えていた。

彼女にとっては、名だたる数学者が全員男性であるように、世界で屈指の指揮者もまた全員男性であるという事実は重要ではなかった。彼女の部屋には指揮者たちのポスターが貼られていた。

カドゥフの母親は、娘にはある程度の音楽の才能があるとは思っていたが、それを生かすとしても、身の丈に合っているのは小学校の音楽教師くらいだろうと考えていた。

それもそのはず。カドゥフが育ったのはスイスの山間地方の片田舎だった。カドゥフは小学生たちと音楽の教科書に載っている歌を歌いながら、自分の才能がまったくお金にならない現実を痛切に感じていた。

世界のどこを見ても女性の指揮者は1人もいなかった。

しかし、カドゥフ自身は、自分が指揮者になるのだと信じて疑わなかった。だから、何を言われようとも、何をされようとも指揮台に立ち続けたのだ。

そして、運命は動き出す。カラヤンと出会ったのだ。

当時、カラヤンは30歳。ついにウルムでの暮らしを乗り切り、デア・ヌル曰く「30歳の若さでこのように成功を収めて、賛辞を独占した人は今まで誰もいなかった」という評価を得ていた頃だった。

カドゥフがカラヤンに自分のような女性の指揮者についてどう思うか尋ねると、カラヤンはこう答えた。

「もしあなたに才能があるなら、なぜその才能を指揮しないのですか？」[*36]

そしてカラヤンは言い直した。

「もしあなたに才能があるなら、私たちがあなたを手本にするでしょう」[*37]

否定的な巨匠の心すら動かしたカドゥフのシグナル

それから3年間、カドゥフはカラヤンのもとで修業した。「小屋の中のバッファロー」と出会ったかのごとくカラヤンのすべてを吸収していった。

3年が過ぎると、彼女は世界的な指揮者に育っていた。男性指揮者たちを押しのけ、世界一の指揮のコンテストで優勝したのだ。そして優勝カップを手に彼女が足を踏み入れた場所は、フィルハーモニック管弦楽団だった。

ただしその頃は、ちょうどトーマス・ビーチャムがオーケストラに女性団員を入れることは断じて許さないと警告していたときだった。

そんなビーチャムの前に、カドゥフという女性指揮者がひそかに招かれた日の光景を想像してみてほしい。

指揮者とは、数万時間にわたって才能を磨きあげた最高の演奏者たちの能力を、自身の指揮に合うように余すところなく引き出す[*38]ためにいる。

にもかかわらず、優しい外見の短髪の女性が、数十人の才能を圧倒的なまでにまとめ上げ、潜在能力を余すところなく引き出せるのだろうか？　ビーチャムの疑問もまたこの点にあった。

彼はいつもこの否定的なシグナルを女性団員に投げつけた。シグナルを受けた女性団員たちは、すまなそうな表情をして去っていってしまう。

それは悪循環となり、オーケストラは女性が参加していいような場所ではないという、一種の信念のようなシグナルを生み出していた。

しかし、このシグナルはその日、もろくも崩れ去った。

ある批評家が興味深く記している。

「ビーチャムはその日、カドゥフという短髪の女性が指揮棒を手にして自分のオーケストラと自由に戯《たわむ》れているのを見て驚愕《きょうがく》した」[*39]。

数分後には、思いのほか完璧に指揮をこなしているカドゥフに対する大きな驚きを隠せないでいる彼の表情を見て取れた」[*40]

演奏を見ていたカラヤンも拍手喝采を送った。

この一連の光景を見ていたある新聞記者は翌日、次のような記事を書いた。

「29歳のシルヴィア・カドゥフは世界初の女性指揮者としてオーケストラを完璧に率いた。彼女の情熱、躍動感そして完璧なリズム感は、世界を脱帽させた」[*41]

平凡な才能を高みへと導くためには、ノイズを強く断ち切る力と、自分の中にある一番強いシグナル――自らの信念と言っても良いだろう――を見つける力が重要だ。

「お前にできるわけがない」「成功できるのはもともと才能のある人間だけだ」。そんなノイズを断ち切れば、たちまち隠されていた才能が花開く。

続く第2部では、そんな「才能に対する先入観」を堂々と打ち破った、ごく平凡な人々の奇跡のような瞬間を見ていこう。

平凡な人々が世界的な学者の境地に到達できるのだろうか？　学問でそんな偉業を達成するのは想像の中だけのことだろうか？

才能に対する先入観を覆し、本質を目指して全力を尽くすとき、私たちの脳ではどんな現象が起こるのか、また努力や生まれ持ったものが本当に個人の成功を決定づけるのか。その答えを、第2部を通して探していこう。

私たちは個人の成功において努力の大切さを強調するあまり、本当に大切な何かを長い間見落としてきた。その大切なものについて確かめていこう。

第2部

シグナルを理解する力

6章

革新的な発見の秘密

目指すべきは、
1つの分野での「深い理解」だ。

自分にもできるというシグナルはその通りの結果を生み出す

非エリートたちが新時代を切り開いた産業革命

かつて社会を席巻《せっけん》していた「10万年の法則」

　1766年、イギリスのある中産階級の家庭で1人の赤ん坊が生まれた。世界的な哲学者と称されたデヴィッド・ヒュームとジャン・ジャック・ルソーがその子の誕生を祝うために家を訪れ、偉大な思想家たちは順にその子の足の甲に口づけをした。

　後年、彼の才能を妬《ねた》んだある経済学者は、その日の光景を「もしかすると彼らの口づけによってこの赤ん坊に知性が分け与えられたのかもしれない」と記した。

　赤ん坊の名前はトマス・ロバート・マルサスといった。マルサスは周囲の期待通り、世界的な経済学者となって人類全体の未来を議論するまでになる。

マルサスは10万年の人類史を振り返り、あるパターンを読み取った。

人類の歴史を振り返ると、人間は食糧より多くの子孫を残そうとするきらいがあった。問題はエリートに仲間入りできない大多数の庶民だった。

人口が1、2、4、8、16、32……と倍増するのに対し、食糧は1、2、3、4、5、6、7、8……と徐々に増えていく。避妊具すらなかった当時の社会で生まれた子どもたちは、人類の未来に影を落としていた。

少数のエリート層を除いた人口の数は、適度に調整されるべきだというのがマルサスの主張だ。


「持たざる者たちには衛生管理を推奨せず、その反対の習慣を身につけさせるべきだ。貧民街の道路をさらに狭くし、1か所に集まらせて伝染病が蔓延《はびこ》りやすくした方がいい[*1]」


地球の限られた資源の中で、人口増加を抑える方法は最下層の死亡率を上げることだと唱えたのだ。

マルサスの理論は匿名で発表され、政界などの既得権益層から歓迎された。

彼の理論に感銘を受けたイギリスの首相は、貧民法を改正し、貧民に対する福祉自体を原則的になくしてしまった。金もなく知識もない貧民は、社会から排除すべきだ。社会は彼らに対する肯定的なシグナルを引っ込めてしまった。[*2]

だからといってマルサスの理論を感情的にとらえてはいけない。それまでの10万年は確かにマルサスの言う通りだった。10万年間停滞していた社会をすべて説明してくれる唯一の素晴らしい理論だったのだ。

ところが、それから何年かすると、非エリート層の間で奇妙なことが起こった。

非エリートたちが主役になった時代

もしあなたの月収の「０」が１桁増えるとしたら、あなたは泣いて喜ぶに違いない。そう思わないだろうか？　月収が10倍になるのだから。

しかし、この当時の産業の変化はこんな程度ではなかった。いわゆる「産業革命」である。マルサスの10万年の理論はすぐさま崩壊した。

歴史学の権威、ポール・ジョンソンは、産業革命による革新をひと言に要約した。

「私たちの今を作り出したのは、産業革命期の15年だ！」

それほどまでの劇的な変化であるが、産業革命を起こしたのは、エリートたちではなかった。グレゴリー・クラークは、この問題に意義深く迫っている。

「産業革命期のイギリスでは、数千人の農民が近隣の農民から、または自分自身の経験を通じて、より良い耕作法を学んでいた。だが中世の他の国では、同じような動機づけがあったにもかかわらず、このような進歩は起こらなかった。唯一イギリスだけで起こったのである[*3]」

他の国でも同じような動機づけがあったのに、なぜイギリスでだけこのような革命が起こったのか？

学者たちは、当時のイギリスには石炭があり、ロンドンで大量に消費されていたことに注目した。石炭が枯渇するにつれ、イギリス人はさらに多くの石炭を求めて、坑道の奥深くを掘り進めていったが、しばしば地下水が漏れ出て作業が妨げられた。

そのため、地下水を汲《く》み出すべくピストンを動かす装置が開発された。そしてこのピストンは蒸気機関車の発明へとつながり、綿織物産業にも大幅な変化をもたらした。

蒸気機関を応用した機械により、それまでの実に１００倍もの衣類用の糸を作ることに成功したのだ。マルサスの時代が崩壊し、産業革命が初めて産声を上げた瞬間だった。

天才などいない

では、世界を揺るがしたこの蒸気機関車を発明したのは誰なのだろうか？

それは、なんと1人の工場労働者だった。炭鉱の村で生まれたジョージ・スティーブンソンが10年間かけて生み出した作品だった。

彼には、今日の工場ならばよく見かけるような一般の労働者ほどの学歴もなかった。科学についてもまったくの素人だった。

学校にも通えず、14年間ひたすら炭鉱を掘り続けたが、のちに世界的な化学者ハンフリー・デービーと学問で熾烈な争いを繰り広げるまでになる。

デービーは、大した学歴もないのに彗星のごとくあらわれて自身を超えていったスティーブンソンに、自分の発見を横取りされたと死ぬまで思い込んでいた。もちろんそれは、スティーブンソンを田舎者と見下げていたデービーの幻想に過ぎない。

スティーブンソンは、今日の産業革命を率いた「鉄道の父」と呼ばれている。

彼が活躍できたのは、当時は「大学の学位や証明書、資格などがまだあまり重要ではなかったから」だと考えられている。[*4]

当時の人々は科学を研究室で白衣を着た権威者による学問としてではなく、誰もが気軽に試せる学問として考えていた。道端では独学の知識人たちが自由に学問談義に花を咲かせ、彼らの手によってピストンや蒸気機関が新たに生み出されていった。

彼らは思う存分集中し、時間が経つにつれて新たな革新があちこちで生まれ、さらには農夫の手によっても革新が生み出された。

フィールドワークの多さで有名なジョン・ドルトンも、ほぼ独学で学問を身につけた1

人だ。夜中に1人勉強して、数学、物理、化学を習得した。そして自分の教え子たちにも「君たちも同じようにできる！」と力説した。

彼は原子説を初めて提唱し、彼の発表した『石油と原油に熱を加えて得られる気体に関する報告』は、近代の石油産業や石油化学産業の礎《いしずえ》を築いた。

ドルトンは晩年にこう語っている。

「天才などいない。もし世界にその価値を認められ、注目されるような業績を誰かが成し遂げたとするなら、それは純粋に実現可能な1つの目標に向かって根気強く努力し続けたからだ」[*5]

誰でも偉人になれるというシグナルは、実際にそれを可能にさせる。

自分の一番大切な1つの目標に向かって根気強く努力を続ければ、その分野で最も偉大な人物になれると信じる。

そう、このことが、何よりも大切なことなのである。

平凡な中年男性が発見した「2・5センチ」の奇跡

道路の歴史を変えた道路管理職員マカダム

「数千年ずっと同じ」だった近世の道路事情

産業革命に火をつけたエンジニアとして評されるジョン・マカダムは、1756年、マルサスよりも十年早く生まれた。

彼の人生は大きく輝きはしなかった。4歳のときには家で大火傷《おおやけど》を負って死にかけ、父親は事業に失敗したショックで彼が幼い頃にこの世を去った。

アメリカンドリームを求めて渡米し事業を始めたものの、逆にアメリカにすべての財産を差し押さえられてしまった。[*6]

大した学力もなければ、それなりの専門知識があるわけでもなかった。

そんな彼が30歳を過ぎる頃、イギリスで道路の補修の仕事を任されることになった。もちろん道路といっても現在のような道路を思い浮かべてはいけない。

今日の道路は、今から出会うマカダムによって生まれ変わった作品だ。当時の道路は、現在のものとは似ても似つかない。当時、イギリスをはじめとする世界の道路は、数千年前のものと同じままだった。

毎年のように新しい世代の携帯電話が登場し、製造工場で革新が起こる現在とは違い、当時はすべてが停滞していた。

そのため、人口増加も停滞させなければならないというマルサスの法則がそれらしく聞こえたのだ。技術も革新も、すべてが遅々として進まずにいた。1年はおろか100年経っても新しいｉＰｈｏｎｅが登場するような時代ではなかった。

学者たちはそれを当然のこととして受け止め、どこを探してもスティーブ・ジョブズのように新しいものを追い求める人は見当たらなかった。

道路もまた、この先数千年経っても変わらず馬車が行き交うものと思われた。

そんな時代に仕事場へ向かおうと思ったら、動物の力に頼らざるを得ない。しかし当時の道は、馬車で走ると、すぐに転倒してしまう恐れがあった。それだけではない。驚いた馬に踏み殺される可能性だってある。

馬が驚くなんてしょっちゅうだった。というのも、道のいたるところにある穴に馬がよく脚を取られたからだ。

当時の農学者アーサー・ヤングが、ある道の穴の深さを測ってみたところ、実に1メートル20センチもあった。[*7]

長距離を移動しないといけないとすると、少なくとも1回、たいていの場合2回は馬車が転倒すると覚悟しなければならなかった。

ある男性が乗った馬車はニューヨークとシンシナティを往復する際に9回も転倒したという。転倒は恐ろしい事故だった。

転倒した馬車のガラスの破片で首の頸動脈《けいどうみゃく》を切り死亡することもあれば、転倒した拍子に頭を強く打ちつけて死亡することも珍しくなかった。そのうえ馬が穴に驚いて狂ったように駆け始めれば、乗っている人は生きた心地がしないだろう。

この状況を、マカダムは変えたのだ。

4万8000キロの道のりが、ど素人をスペシャリストに変えた

商人出身で道路に関しては「ど素人」だったマカダムは、独学で得た知識で科学者さながらに道路を仔細《しさい》に調べ始めた。

どこどこで馬が転倒したと聞けば、すぐさま現場に駆けつけた。彼は科学者以上の執拗《しつよう》さで4万8000キロもの道路を調査した。

ど素人の中年男が突然、数千年間誰にも解決されず放っておかれた分野に手を出すな

ど、もの笑いの種にしかならなかった。

しかし、4万8000キロという目を見張るような調査を進めるにつれて、マカダムは明らかにその分野の専門家へと変わっていった。

どうして馬たちは道を走っている途中で石につまずいて転んでしまうのだろう？ 補修費用が信じられないほどにかさんでしまうのはなぜか？ この問いの答えをマカダムは自らの手で少しずつ探し当てていった。

10年間ずっとこの問いについて考え続け、様々なことがわかってきた。

その1つが、道路の表面に敷き詰められた土や砂は埃を舞い上げるだけで何の役にも立たないということだ。多くの道路工事の現場で、際限なく敷き詰められていた土と砂が実は役に立たないという事実はあまりに衝撃的だった。

一介の道路管理職員だったマカダムは、身銭を切って自分の理論が正しいかどうか確かめるための実験まで行った。彼は道路を駆けずり回る仕事の傍ら研究を続けた。そうして得た結論は、あまりにシンプルで、あまりに明確だった。

そして生まれた「2・5センチ」の発見

1811年、議会の特別委員会でマカダムは特別委員たちの心を震わせた。彼の数万時間の努力は、次のひと言に要約される。

「粒径が２・５センチ以上の石は道路建設に使用するのに適切ではない[*8]」

問題は石の大きさだったのだ！　土を敷き詰める必要もなければ、砂を増やして敷く必要もなかった。

マカダムの発見は、車輪と道路が接する部分の長さは２・５センチもないというものだった。そのため、２・５センチより大きな石が車輪に当たると、埋まっていた石が道路から飛び出してしまったり、砕かれたりして馬が転倒してしまうというのだ。

「細かく砕いた石で舗装した道路は、土と混ぜずともなめらかで固く、耐久性があった[*9]」

これがマカダムの２・５センチの発見だ。

現代の道路を見てほしい。２００年が経ち、自動車が行き交う現代の道路はどれも根本的にはマカダムの偉大な功績に帰するところが大きい。

そのため、今日、道路にアスファルトを敷き詰めることを工学の専門用語で「マカダム工法」という。それは、ど素人といわれた１人の中年男が科学者さながらに根気強く取り組んで成し遂げた、あり得ない革命だった。

マカダムは自身のアイディアを特許として申請したが、あまりにも大きな革新だったため、イギリス政府はその特許を認めなかった。マカダムの2・5センチの発見により産業革命は道路という動脈に乗り、続いていった。

しかし私たちは、マカダムの革新を「個人の特別な功績」として考えようとする。そう思わないだろうか？

過去の特別な1人の人間が慕われ、羨望《せんぼう》の眼差しを向けられるのは、それなりの理由があるはずだと、私たちは考える。

その人が賢かったからとか、普通の人とは違う何か特別な能力があったからだと思ってしまう。だがここで、その考えをあらためてぶち壊したい。

エリートだから正解を出せるわけではない

フランス・グランゼコール大学の栄光と過ち

エリートによる、エリートのための大学「グランゼコール」

フランスのグランゼコールという大学をご存じだろうか。

ここに入るためには、上位0・057%に属さなければならない。この大学は「エリートを輩出するため」に公然と作られた。

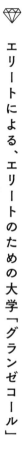

その卒業生たちがフランス社会を動かしている。フランスの大企業の役員たちの84%はこの上位0・057%のグランゼコールの卒業生だ。[*10]

「イギリスにはオックスフォードがあり、アメリカにはハーバードをはじめとするアイビーリーグがあるが、これらの学校の卒業生はフランスのグランゼコールには及ばない」[*11]

卒業生であるピーター・コンベルの言う通り、グランゼコールは、歴史に名を残すエリートを続々と輩出している。

グランゼコールの歴史はいつ始まったのだろうか?

実は皮肉にも、グランゼコールはマカダムの時代に「道路システム」における最高のエリート集団を養成するためにフランスで作られた大学である。

ルーヴル美術館に肖像画が展示されているジャン・ロドルフ・ペロネは、初めてグランゼコールの教育システムを広めた人物だ。彼が造ったフランスのシャンゼリゼ通りの橋は今もなお輝きを放っている。

スーパーエリートたちが導き出した結論

ペロネはマカダムとは異なり、30歳を過ぎたあとで道路を研究し始めたわけではない。非常に早くから上流社会の仲間入りを果たし、フランスは国が認めるあらゆる学問的権威をペロネに与えた。

彼は何不自由ない環境で、最も堅牢《けんろう》に道路を重ねていく研究を始めた。

上位0・057%の頭脳が結集して議論した結果、15〜20センチの大きさの石と岩を積

図6－1　トレサゲ工法

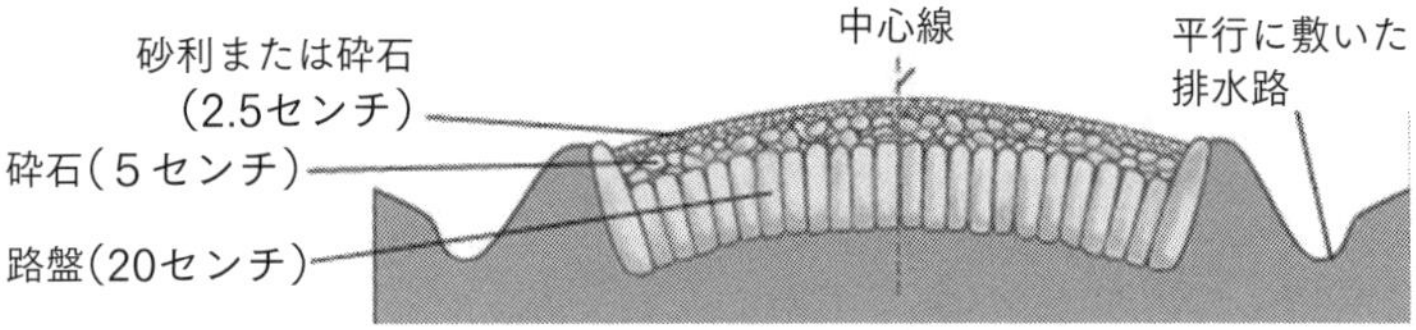

出典：ブリタニカ百科事典

み上げれば、相当に頑丈な道路の基礎ができると結論づけた。

それは科学的な根拠に基づく主張だった。

工事費用はかなりかさんだが、15～20センチというのが彼らの研究による最終結論だった。

彼らが積み上げた研究結果を見てほしい（〈図6－1〉）。下部に、しっかりと上部を支えるように立てられた石柱が見えるだろうか？　彼らはこれが今日の道路の標準だと考えた。

一方、もう1つの図は4万8000キロを1人で調査した在野の学者マカダムによるものだ（〈図6－2〉）。

結果からいえば、フランス最高のエリート集団の発見はマカダムの調査には及ばなかった。マカダムの成果が世界の標準になっているのは前述した通りだ。

1786年に紡績工場を建てたリチャード・アークライトは、理髪店を営みながらかつら職人として働いていた。

1769年に蒸気機関用の分離冷却器を発明したジェームズ・ワットは下請け業者の息子で、学校にも通えなかった。[*12]

当時、様々な革命を起こした人々の中にいわゆるエリートは1人

図6－2　マカダム工法

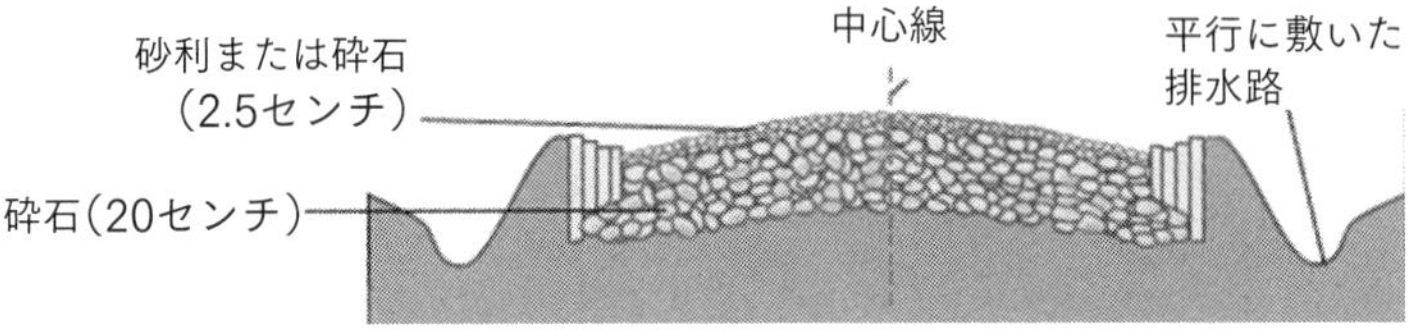

出典：ブリタニカ百科事典

もいない。

つまり、言いたいのはこうだ。

どんな教育を受けてきたか、どんな大学を出ているか。そんなのは大した問題ではないということである。

ユネスコによれば、歴史が始まって以来、これまで大学を卒業した人の数よりも、今後30年間で大学を卒業する人の数の方が多いという。

最も影響力を持つ教育学者ケン・ロビンソン曰く、現代は「学位のインフレ」が起きているという。以前は大学を出れば就けた仕事も、今では大学院を出ないといけない。修士号が必要とされた職は、今や博士号を必要とする。

そんな時代であるからこそ、今一度「知性とは何か」を根本から考え直す必要があるとロビンソンは述べている。[*13]

1つの分野への深い理解こそが真の知性となる
ハーバード大学の「プロジェクトゼロ」の見解

高まる入学基準と、下がっていく知性

知性とは何かを根本から考え直す必要があるという教育学者ケン・ロビンソンの主張を紹介したが、ハーバード大学への入学基準はこの30年で3倍以上も厳しくなっている。

1980年代には、ハーバードへの進学を希望する生徒のほとんどがAP科目（大学の単位として認められる科目）を3科目ほど履修し、課外活動も3つほど行っていた。

しかし最近ではAP科目を8つも履修するうえ、課外活動も9つ以上取り組まなければならない。

コラムニストのロス・ドゥザットは著書の『特権』の中で、12個もの課外活動を願書に

記した生徒を例に、「ぎっしり書かれた典型的なハーバード用の願書」だと述べる。

しかし、それでもハーバードに受かるのはもちろん簡単ではない。[*14]

入学審査官は顔色ひとつ変えず、エリート候補たちの願書のほとんどに「不合格」の判を押していく。[*15] このような過程を勝ち抜いて入学したことを考えれば、自慢したくなるのも無理はない。

一方、世界的な心理学者であるハワード・ガードナーはハーバード大学内で「プロジェクトゼロ」というプロジェクトを立ち上げ、「革新的な人間」は何を備えているのかについて30年間研究してきた。

「私たちが知能について知っていることはゼロに等しい。だからプロジェクトゼロと呼ぶことにしました」

ガードナーがこう語るように、様々な常識・偏見を覆すような研究が行われている。

このプロジェクトで明らかになったのは、たとえばこんなことだ。

「膨大な量の研究記録を調査したところ、ハーバードのような一流大学のトップクラスの学生ですら、教育課程で数多くの内容を理解できていないことが明らかになった[*16]」

ガードナーがＭＩＴ（マサチューセッツ工科大学）の物理学科のクラスで、講義内容とは関係ない比較的簡単な現象――たとえば空中に投げたコインに作用する力や、折れ曲がったチューブを通るピンポン玉の動線など――について説明を求めると、相当な数の学生たち（ときには半数以上）が正しく答えられなかった。

しかしながら、「力学を勉強したことのない別の学科の学生や小さな子どもが答えそうな回答」をした学生までも、自分はＭＩＴにふさわしい学生だと考えていたという。

事実、これらの学生は練習問題を解くときや期末考査ではきちんと成果を上げることができる。[*17]

だが、ＭＩＴやジョンズ・ホプキンス大学の学生たちの多くは、大学を一歩外に出るや、何も知らない子どものようにその場に固まってしまう。

ガードナーは、もしかすると物理学に限ったことかもしれないと考えたが、そうではなかった。[*18]彼は、こうはっきりと結論づけている。

「学問分野全体でＭＩＴの学生たちと同様のことが起こっている[*19]」

ガードナーは「一流大学の学生たちの多くが根本的な部分において学校教育をきちんと受けたとはいえない」とまで明言している。

最高の勉強とは何か

それならば、何が最高の勉強なのか？

ガードナーと彼の研究チームは、ハーバードをはじめとしたアイビーリーグを目指す生徒たちが習得したとする科目についてその根本を問い直している。

「たとえば数学で、彼らは『厳密に表現されたアルゴリズム』によって解ける問題に出合います。そして公式を当てはめて適切な数を答える。

ですがそれも、公式を使えばいいと教えなければ、問題を解くことができないのです。公式を忘れてしまった場合にその公式を一から導き出す可能性はほぼありません。なぜなら基本を理解していないからです。彼らにとって公式というのは、記憶とつながった構文論《シンタックス》の中の紐《ひも》に過ぎないのです[20]」

歴史、文化、芸術のような伝統的な人文学ではどうだろう？

「人文学でも、生徒たちは与えられたシナリオまたは典型に頼っています。たとえば、5歳の子どものほとんどは、一種の『スター・ウォーズ』のようなシナリオを持っていて、人生は善と悪との戦いでストーリーが進み、たいていの場合、善が勝つと考えています。数多くの映画やテレビ番組、そして実際の暮らしで起こることはこういったシナリオによってきちんと説明がつきます。

ですが、ほとんどの歴史的事実や文化作品は、はるかに複雑です。第1次世界大戦や南北戦争の原因や、ナサニエル・ホーソーンやジェイン・オースティンが書いた小説の要点を理解するためには、様々な伏線や微妙な違いを推し量り、全体を見なければなりません。学生たちは授業時間にこのような歴史的・文化的な出来事をより複雑に説明する方法を学びます。

しかし新しくて見慣れない資料――たとえば、異なる文化圏の物語や、海外のあまり知らない地域で起こる戦争については、トップクラスの子ですら初歩的な考え方に陥ってしまいます。明らかに適切ではないにもかかわらず、このような状況で往々にして『スター・ウォーズ』の〝善と悪〟というシナリオを思い浮かべるのです[*21]」

AP科目を3つ履修した学生より9つ履修した学生を高く評価し、公式を上手く使う学生を優秀だと考えるとき、私たちは大切なことを見落としている。

こういった学生たちは、決してマカダムのように道の真ん中で新しい発見をすることはできない。彼らの説明書には載っていない世界だからだ。

科学的思考とは、「浅く広く」からでは生まれない

ハーバードのプロジェクトゼロが最終的に得た結論は、次のようにまとめられている。

「〝科学者のような思考法〟を身につけるには、10を超える科学分野で100以上の異なる事例を浅くすくうよりも、たとえば癌《がん》の発生原因や、貧困、ストレスといった1つの分野を深く探究しなければならない[*22]」

9つのAP科目よりも1つのAP科目を深く掘り下げられる人材が必要である――それがハーバードのプロジェクトゼロの結論だ。

「ここで私の教育学的な見解をはっきりさせておきたい。**目指すべきは、1つの分野での〝深い理解〟だ**[*23]」

未熟な若者たちは情報を広く浅く得ることを得意とするのに対し、専門家たちは自分の専門分野に関して実際に人並み外れた深い思考をする。

それこそが本物の知性であり、物事をより本質的に見極める方法なのである。

ただひたすらに1つのことに向き合え
言語学の難問を解いた高校教師グローテフェント

無名の教師が解いた言語学史に残る難問

１つの分野への深い理解が、いかに大きな成果を上げるものになり得るかという一例をここであらためて紹介したい。

主人公となるのは、どこにでもいそうな高校教師、ゲオルク・グローテフェントである。27歳の若きラテン語教師だったグローテフェントは、それまで数々の学者たちが挫折してきた楔形《くさびがた》文字の解読を試みた。

楔形文字は紀元前３０００年頃から使用されていることが知られているが、非常に抽象的だ。物の形をかたどった象形文字とは異なり、鳥の足跡のような文字が難解に羅列され、これをすっきりと解読できる学者はいなかった。

それでも多くの学者が解読に挑戦した理由は「聖書」にあった。楔形文字は「聖書」の地、メソポタミアで生み出され、「神が土から人間を創造する話、大洪水を逃れる方舟《はこぶね》を作る話、イスラエルの王たちにまつわる争いの話」など、聖書の重要な歴史が記録されていると考えられていたのだ。

グローテフェントが挑んだのは、中でも最も難解な文字が複雑に羅列されているペルセポリス碑文の解読である。

この碑文は、アケメネス朝ペルシアの王族の碑文だった。現存する言語でその碑文と比較できそうなものはなく、当時の学者たちは、まず碑文に繰り返し出てくる特定の文字が諸王を指している単語だと仮定して読み解こうとした。

しかし、それで終わりだった。それ以上進めることができなかったのである。

観察し続けることで見つけられた「わずかな違い」

そこでグローテフェントは、既存の学者たちとは反対に考えてみることにした。

問題となる文字は、「諸王の王」という称号を指すにはあまりに短く、他の短い碑文にもこの文字は繰り返し出てきていたため、「諸王の王」ではなく、単に1人の「王」を意味するものだと推測した。ひょっとすると、「王」の前にある何文字かは名前なのではないだろうか？

グローテフェントは、2つの楔形文字の文章に集中した。

「A＝大王、諸王の王、B王の息子」
「B＝大王、諸王の王、諸国の王、Cの息子」

ではここで、AとBとCの関係はどうなるだろうか？ Bは両方の碑文に出てくる。そしてAはBの息子で、BはCの息子だから、C↓B↓Aという順序で祖父、父、息子の3代だ！

このように考えた。さらにグローテフェントは、この碑文を観察し続け、驚くべきことを発見した。

Cの後ろには「王」という文字が付いていなかったのだ。これは極めて些細なことのように見えるが、専門家からしてみれば、とても重要な糸口となる。言語学者たちは、この時点で身震いするだろう。グローテフェントも、感動に身を震わせた。

楔形文字の時代に自分の父親が王ではなかった王を見つければ、その人物の名前を手掛かりにして簡単に楔形文字の音と意味がわかるのではないか？

人類史上、初めての文字である楔形文字の謎はまさにこの深い問いを経て、グローテ

楔形文字

ペルセポリス碑文

フェントの机上で、D、A、R、S、Hというアルファベットとして解読された。ペルシアの王、ダレイオスを意味するものだった。

良いシグナルを発見するには

彼は自身の発見をすぐに王立協会に報告したが、無名の教師だったこともあり、わざわざ専門家たちの前で講釈を垂れようとは思わなかった。

そのため、彼の報告書はオラフ・ゲルハルト・タッシェン教授が代わりに発表することになったのだが、ある歴史学者の言葉を借りれば、「考古学史において本当に信じられないこと」が起こった。

世界で初めて人類初の文字を解読するという偉業にもかかわらず、当の解読者については専門家でもなければ大学教授でもないという理由で、人々の記憶から葬り去られてしまったのだ。[24]

著名な学者たちはグローテフェントという人物自体、信頼に足らないと難癖をつけた。彼の発見は著名な学者たちの先行研究程度にしか使われず[25]、その成果は地位の高い学者たちにすべて横取りされてしまった。

グローテフェントは学校の校長として過ごしたのち、静かにその生涯を終えた。自身の功績をかすめ取るように発展させて、爵位や最高の学者としての地位を手にする

グローテフェントが初めて解説した文字(＊26)

人々を、ただ見つめているのはそう容易《たやす》いことではなかったはずだ。

しかし、最終的に歴史は彼を見捨てなかった。

グローテフェントの死後、彼には「19世紀のドイツの古代言語学者。古代ペルシアの楔形文字の解読の礎を築いたアッシリア学の父」という世界的な学者の称号が与えられた。

彼の人生は、私たちに「良いシグナル」を発見する方法を教えてくれる。特別な能力や肩書きなどなくとも、1つの分野について学び、思考し、深く理解すれば、大きな成果が生まれる。

何でも器用にこなす必要などない。地道でも、歩みは遅くとも、1つのことを追究することが重要なのだ。

そういう人材こそ、時代のシグナルの中に埋もれることなく、新たなシグナルを生み出すのである。

7
章

分散の効果

努力の合計時間が同じならば、
学者たちはその始点と終点を見定める。

ある日突然、「天啓」を受けた男

平凡な研究者だったレーヴィに起きた奇跡

彗星のごとくあらわれた天才学者

１９２１年、皆が寝静まった夜、オットー・レーヴィは奇妙な体験をした。それはまるで天からの啓示のようだった。

40代半ばだった彼は、夢でノーベル賞級の画期的なアイディアを思いついた。

グラーツ大学の研究室で自身の研究テーマに取り組みながら生活していたレーヴィは、夢の中でも実験をしていた。そこで突然、これまで必死にその答えを探し求めていた問題が解けたのである。

すぐに夢から目覚めたレーヴィは、明かりを灯して紙の切れ端に今しがた夢の中で見た実験結果を書きなぐった。そしてまた眠りについたのだが、翌日、目を覚ましたレーヴィは落胆せざるを得なかった。

急いで書いた文字をどれほど見つめても、自分が何と書いたのかまったくわからなかったのだ。まるで誰も意味を知らない楔形文字のように。

しかし幸運の女神は彼を見捨てなかった。

次の日、レーヴィの枕元に再び訪れると、レーヴィがもう一度実験結果を書き留めることを許した。

その結果は驚くべきもので、誰も思いつかなかった革新的なアイディアだった。

再び目を覚ましたレーヴィは、今度こそ7年間必死に追い求めてきた研究課題の答えを見事に書き記した。

レーヴィはまるで啓示を受けたかのように、すぐに寝床から出て研究室へと向かった。

そうして夢で見た方法の通りにカエルの心臓を使って簡単な実験を始めた。

2匹のカエルの実験

幸運の女神が教えてくれた答えは、どの学者も納得するほどに単純明快だった。

レーヴィは、2匹のカエルから心臓を取り出した。

1つの心臓には神経をそのまま残し、もう1つの心臓からは神経を切り離した。

次にレーヴィは、体液と塩分濃度が同じ溶液を点滴袋に入れ、2つの心臓にチューブでつないだ。こうすれば、分離された臓器を生きている状態で維持できる。

続いて、レーヴィは最初の心臓の迷走神経を刺激した。迷走神経は心臓の機能を弱めるため、刺激を与えると心臓の鼓動が遅くなる。

数分後、レーヴィは最初の心臓に注入した溶液を、迷走神経を切断した2つ目の心臓にも注入してみた。すると2つ目の心臓の鼓動もまた遅くなった。

存在していない迷走神経があたかも刺激を受けたかのように、心臓の鼓動が弱まったのである。

これは当時どの学者も予想しなかった結果だった。

数百年の間、生理学者たちは私たちの体には微細な電流が流れていて、その電流によって神経や臓器が機能していると考えていた。

しかしそれは間違いだった。

レーヴィは、電気ではない化学的な信号によって私たちの体が動いていることを初めて、完璧に解明したのだ。

レーヴィの発見は現代の脳科学の礎となり、1936年にはノーベル生理学・医学賞を受賞している。

なぜ、レーヴィは「進化」したのか？

レーヴィの発見は非常に明快だったが、明快でなかったのはレーヴィがそれを発見した経緯だった。レーヴィはどのようにしてこの偉大な発見を成し得たのか？

学者たちがレーヴィの発見までの経緯を知ろうとするほど、その謎は深まっていった。というのもレーヴィは、これまでの研究の平凡な水準を突如としてはるかに超える、歴史的な偉業を打ち立てるような人物にはまったく見えなかったからだ。[*1]

彼がそれまで発表した論文は、「カエルの実験」のように人を感動させるほど画期的なものではなかった。

彼は普通の大学教授で、そこそこに研究成果を出していた多くの学者の1人でしかなかった。突然、幸運の女神が彼の枕元に降り立つまで、レーヴィは学界で誰よりも平凡だった。

週に5つの講義を受け持ち、学生たちの指導にほとんどの時間を費やして、数百人の学生の前に立つため一種の「あがり症」に悩んでいた。[*2]

平凡な男に、なぜ急に、幸運の女神が舞い降りてきたのだろうか？ なぜ、ノーベル賞のような世界最高の賞を受賞すると目《もく》されてもいなかった男に、こんなことが起こったのだろうか？

結果を出すには、短期集中か？それとも長期の分散か？

アメリカ「中位」の大学生たちが覚醒した方法

ハリー・バーリックの単語実験

ある分野で成果を挙げるためには何が必要なのか？

これまで世界中の心理学者や教育学者によって、数千にも及ぶ学術論文が発表されてきた。たとえば、新しく得た知識を定着させるためのベストな復習タイミングに関する論文だけでも４００を超える。

ところが、数千の論文が積み重なるにつれ、学者たちの出した結論は同じところにたどり着いている。

それは、一分野にどれほど長く取り組んでいるのかという問いに集約されるのだ。

世界的な心理学の権威ハリー・バーリックは、10年を超える長期の追跡研究を通じ、「単語学習の集中と分散効果」について発表した。

バーリックは被験者を2つのグループに分けた。

1つ目のグループは、よく行われる試験方法として1年程度の期間を設定し、2週ごとに26回にわたり暗記テストを行った。

そして2つ目のグループでバーリックはある冒険を試みた。なんと4年間にわたり、2か月ごとに1回、1つ目のグループと同じ計26回の暗記テストを行ったのだ。

バーリックがこの長期にわたる研究で取り組んだ問いは、次のようなものだった。

「1つの分野に対する長期間の分散学習は、集中学習での成果を超えられるのか？」[*3]

バーリックの10年間の研究結果を見る前に忘れてはならないのは、1つ目のグループも2つ目のグループも学習時間の合計はまったく同じだということだ。

2つ目のグループは、1つ目のグループよりも長期間1つの分野にかかわっていたに過ぎない。それに1つ目のグループが2週間に1度、適度な間隔で学習したことを思うと、2か月も間隔を空けて行う学習方法についての研究は無謀なようにも思える。

しかしバーリックが発見したのは、一般人の予想とは正反対のことだった。

2週間ごとに26回、平均的な間隔での試験勉強に慣れていた1つ目のグループの被験者は、5年も過ぎると、学習したことのわずか半分程度の56％しか覚えていなかった。

一方、2か月に1回、長期間に分散させて学習した2つ目のグループの被験者は実に76％を記憶していた。[*4]

皆があっと驚くようなこの研究結果に一番戸惑ったのは、他でもないバーリック本人だった。

「誰が予想し得たでしょう？　この研究に実に10年間費やしてきた私ですら、まったく思いもよりませんでした。2か月も経ったら全部忘れてしまうと思っていましたから」[*5]

「分散効果」がもたらすもの

ある分野で最大限の成果を上げるために重要なのは、短期集中型の努力ではない。長期分散型の努力だ。このことは数百の論文により繰り返し裏づけられている。

そして学者たちはこれを「分散効果」と呼ぶ。

分散効果は、どんな分野であれ学習と学習の間を空けて長期間にわたって取り組むほど、否応なくその分野に精通していくことを示している。

努力の合計時間が同じならば、学者たちはその始点と終点を見定める。

終点までが長ければ長いほど、新たな発見をして世界的な功績を残す可能性が高くなる。しかもこれは、個人の知能や学歴とは関係ない。

分散効果をさらに詳しく分析してみよう。

教育学者のロンダ・レザース・ディブリーは、アメリカで中位の大学として知られる南イリノイ州立大学の学生を対象に、ハーバード大生の思考法を教えた。

学生たちは社会、文化、法律などの6つの分野の論文課題を1学期の間に完成させなければならなかった。ディブリーは、彼らの鋭く光る知性を期待したが、やはりそこはハーバードではなく南イリノイ州立大学だった。

彼らの論文は「既存の研究を拝借し要約したもの」に過ぎず、論文の主旨に対する所見もなく終始控えめな内容だった。

この実験の興味深いところは、人為的な実験室ではなく、学校で長期間にわたり普段と変わりない状態で実施された点だ。

そこで次の実験では、南イリノイ州立大学の学生たちの終点を延ばしてみた。論文を調査する時間は以前と変わらない。

ただ、1つだけ変えた条件がある。

「長い1学期の間、取り組むテーマは1つだけで、1つの論文を提出すればいい」

ディブリーは1つのテーマについて深く考察するための指標を学生たちに教えた。

学生たちは1学期の間、各自のテーマについて分析日誌を書かなければならない。その基準は次の通りだ。

1．参考文献として調査した論文の執筆教授が主張している内容は論理的に妥当か？
2．その論文の内容に自分は同意するか？
3．同意するとしたら、その論文の内容に一貫性はあるか？[*6]

権威ある学術誌に掲載された教授たちの論文を鵜呑《うの》みにして、ただ書き写していた学生たちは、ディブリーに教わった指標を参考に学者たちの論文を分析し始めた。ディブリーは学期の間中、これを見守った。南イリノイ州立大学でも新たな学者の種が植えつけられるだろうか？

覚醒した大学生たち

結果は驚くべきものだった。１つのテーマを深く考察した学生たちは、目に見えてその成果をあらわし始めた。ディブリーは自身の研究結果についてこう記す。

「南イリノイ州立大学の学生たちは、驚くべきことに学術誌で議論を交わしてもいいほど専門家然とした権威ある文体を習得した」[*7]

ここでディブリーが設計した実験もまた、バーリック同様、学生たちの合計の学習時間は変わらないということを忘れてはならない。

2回目の実験で、ディブリーは学生たちに自分がどう変わったと思うか尋ねた。

「1つのテーマについて考えれば考えるほど、調査する参考資料が増えて、そのテーマに関する情報も増えるので、さらに理解が深まっていった」*8

「今では、どの教授がどんなことを話しても、それが本当に正しいのか疑うようになった。そうしているうちに、権威ある学術誌に書かれていても、すぐに鵜呑みにする必要はないのだということがわかった」

「1つのテーマについて様々な疑問を投げかけて深く考えるにつれて、より全体を理解できるようになった」*9

ディブリーの報告書によると、学生たちはそれ以来、権威者の意見を妄信しなくなったという。それどころか、より意味のある発見をしようと積極的になった。

一分野での終点が延びるにつれて、彼らはより多くの情報を入手し、より有意義な発見に向かって歩み始めたのだ。

ある学生は、こう言った。

「権威のある学術誌に載っている論文でも、よく読んでみるといくつかは初心者が書きそうな意味のないものでした。この程度ならこの分野の勉強を始めた友人にも難しくないと教えてやろうと思います[*10]」

1つの分野で深い理解に触れ始めると、このようなことが起きるのだ。

やめない人に宿る力

レーヴィがノーベル賞を受賞できた理由

商家の「お坊ちゃん」が、カエルの解剖をするようになるまで

分散効果について説明したところで、再びオットー・レーヴィの話をしよう。

レーヴィの父は1800年代にワイン商として成功したドイツ人で、母アンナと出会いレーヴィが生まれる。

レーヴィはワイングラスを片手で揺らす優雅な家庭で育ち、芸術に興味を持つ。口ひげを生やし、彼の丸眼鏡は知的というよりも芸術家然としていた。

ラテン語とギリシャ語、そして人文学を特に好み、最も苦手とした科目が科学と数学だった。当然、レーヴィは自分が生涯夢中になれるのは芸術だと思っていた。

しかし父は、息子が大学でより実用的な学問を学ぶことを望み、長い説得の末、レーヴィは医大に進むことになった。

とはいえ、医大に入ったレーヴィはまったく勉強についていけず、オペラ劇場やアートギャラリー、博物館に入り浸っていた。そうなると当然、彼の家に届けられるのは「留年」を告げる成績表だ。

そんなレーヴィが医大を卒業できたのは、「カエル」がきっかけだった。

当時は薬理学者たちがカエルの心臓を解剖して迷走神経の分布を明らかにしたばかりの頃だった。レーヴィは著名な薬理学者であったオスワルド・シュミーデベルクのもとで、カエルの心臓に薬液を注入するという実験に参加した。

このときレーヴィは初めて薬理学に興味を持つことができた。そのおかげで卒業論文を書き上げ、医者として白衣の袖に腕を通すことができたのだ。

レーヴィの周囲は、彼が医者として活躍することを期待し、心を躍らせた。

だが、その終わりは早かった。レーヴィは結核と肺炎に苦しみながら病院で吐血し死んでいく患者たちを見て、臨床医の道を早々にあきらめたのだ。

そして医大の研究室へ逃げ込み、カエルの心臓についての研究を続けることになる。このとき彼の年齢は25歳も終わりに近かった。

23年間の研究で、ついに花開く

レーヴィはそれから6年間、ブドウ糖の新陳代謝と糖尿病、そして心臓の機能について研究した。生理学の中心がイギリスに移ると、レーヴィはイギリスに渡り、カエルの心臓というたった1つのテーマに深く迫っていった。

それから2年後の1905年、レーヴィはエセリンという物質が副交感神経の刺激を活性化させることを発見した。今では常識となっている「神経が化学物質（脳内物質）を分泌する可能性」が初めて示されたのだ。[*11]

さらに7年が経った1912年には、心臓に使われる強心剤の作用とカルシウム、そして他の薬物の効果が迷走神経に影響を与えることを発見するに至った。

それは「迷走神経のアセチルコリンの分泌に関する発見」として、その後の出来事に大きな影響を与えた。[*12]

当時、このテーマをこれほどまで深く掘り下げているのはレーヴィただ1人だけだった。その頃の生理学の研究でメジャーだったのは「電気生理学」という分野で、人体の神経が電気で動くという仮定のもと、他の学者たちは研究を進めていたからだ。

1920年になると、レーヴィは夢の中でまで実験をするようになる。カエルの心臓がどのような化学作用で機能するのか、その答えが見え始めていた。

オットー・レーヴィ。芸術家志望だった当時（左側）、1929年ボストン訪問時（右側）（＊14）

そして研究を始めて23年経った１９２１年、ついにたどり着く。

「今日の脳科学は１９２１年にレーヴィが築いた土台の上に立っている[*13]」といわれている。

レーヴィは、やめなかった

彼の快挙について１つ補足をすると、神経が化学物質を分泌すると考えていたのは、実際にはレーヴィだけではない。

１９１４年、薬理学者のヘンリー・デールはレーヴィよりも先にアセチルコリンの存在を発見し、それが副交感神経に影響を与え、さらにノルアドレナリンという物質が交感神経に影響を与えるということを発見していた。[*15]

だが、これほど大きな発見を2つもしていたのに、デールはそこで立ち止まってしまった。ちょうどその頃、第1次世界大戦が始まり、デールは戦争関連の研究へと道を変えてしまったのだ。

なぜデールには成し得なかったのか？　今日の学者たちは言う。

「ヘンリー・デールは目の前のパズルを完成させるピースを持っていた。しかし彼はパズルを完成させることができなかった。**それ以上深く追い求めなかったからだ**[*16]」

8 章

運命は変わる

「あなたがそうであってはならない理由がどこにあるのか？」

テロの容疑者がハーバードの天才教授を弁護人に指名した理由

ハーバードロースクール教授ダーショウィッツの秘密

シグナルと私たちの人生

これまで様々なシグナルにまつわるケースを見てきた。

どんな分野でも、いくらあなたが成果を上げていたとしても、それはあなた1人のおかげではない。誰かがあなたを指名してくれていて、社会がタイミング良くあなたの才能を認めてくれているからだ。

しかし厄介なのは、社会が味方ではないときだ。

社会があなたに背を向けたとたん、まわりの環境によって生み出される数々の巨大なシグナルは、あなたを壊しにかかる。

皆に平凡だと思われていれば、そのシグナルに合わせてあなたは平凡になる。できないと思われていれば、できなくなり、特別に思われていれば、その期待に応えようと本能的に努力する。それは潜在意識のレベルで作用している。

ここまでで私たちは、そのシグナルを意識的に断ち切らなければならないと学んだ。

そしてシグナルが断ち切られた空間で、一番大切なものに向かって邁進《まいしん》すれば、光り輝く最高の瞬間に出合えることをともに見てきた。

この章では、このことを今一度振り返るために、「ある事件」とそれにまつわる人間模様を紹介していく。

1972年に起きた悲劇

1972年12月のある水曜の午後、マンハッタンの中心街に位置するビルの20階で、事業家のソル・ヒューロックはロシアのオーケストラによるアメリカ初の公演を控え、最後の準備に取りかかっていた。

しかし、ユダヤ防衛同盟（JDL）の武装グループがロシアとのいかなる文化交流にも反対の立場を表明しており、講演を中止するよう警告していた。

そんな中でも公演には多くの観客が集まり、興行収入はうなぎのぼり。ヒューロックは、公演を取りやめようとはしなかった。回数を重ねるにつれて大胆になり、アメリカではお金を払っても見られなかったロシアの芸術家たちを連れて来るようになった。アメリカの中心街ではたしてユダヤ人のテロが起こるだろうか？　ヒューロックの読み通り、毎回特に何も起こらなかった。

むしろ両国間の緊張関係は、さらに多くの収入を集めた。

ところがその日は違った。

身なりの整った20代の青年2人が公演に興味を示しながらヒューロックのビルに入ってきた。彼らの書類かばんはどこか怪しげだったが、青年たちの美しい印象に、職員たちはそれが自分たちを殺すための爆弾だとは夢にも思わなかった。

そして数秒後、彼らのかばんに何が入っているか気づく間もなく、2つのかばんから「シューッ」という音が漏れ始めた。爆弾は強力な焼夷弾《しょういだん》だった。紫色の閃光とともに目の前のタイプライターがすべて一瞬にして溶け、さらに強い熱気が20階のフロア全体に広がり始めた。

彼らはヒューロックを殺すつもりだった。

しかし、当のヒューロックは幸いにも消防士に救出されて、命を救われた。[*1]　そしてこの事件で、うら若き27歳のアイリス・コーンズという名の女性職員が死亡した。

何かが間違っていた。彼女はユダヤ人だったのだ。

容疑者が指名した、ハーバード大学のエリート教授

世界中でこのテロ行為に対する激しい非難の声が上がった。何の罪もない女性が、最も警戒すべき爆弾テロで殺されてしまったからだ。

メンツを潰されたアメリカの警察は、そのときになってようやく警察官を総動員して捜査網を広げ、JDLの一味をコーンズ殺害容疑で検挙した。

被告人側が控訴を申し立てた日、そのうちの1人がある弁護人を指名した。

彼に指名された弁護人は、アラン・ダーショウィッツ。

彼はグランドティトン国立公園で、暇を持て余すようにキャンプを楽しんでいた。

公園の管理人は慌てて彼を捜し出し、「エレファントという男があなたを探しています。命にかかわることだそうです[*2]」と伝えた。

エレファントという名前を聞くや、昔の記憶がよみがえる。エレファントは、ボロパークで2軒先のすぐ近所に暮らしていた知り合いだった。

ダーショウィッツがニューヨークにいたエレファントに連絡を取ると、エレファントはひと言目に、「50番街に住んでいたシェルドン・セイゲルを覚えているか?」と尋ねた。

「もちろんさ。あいつがどうかしたのか?[*3]」とダーショウィッツは昔を懐かしみながら答えた。

「セイゲルが今、第1級殺人罪で起訴されてるんだ。検察は、ソル・ヒューロックのオフィスで爆発した爆弾を作ったのはあいつだって主張してる。かなりマズイ状況で、あいつ完全にビビっちまってさ……。このままだと死刑になるって。すぐに弁護士が必要なんだ。お前が頼まれてくれるよな?」[*4]

ダーショウィッツは、今しがた電話で何を言われたのか話が飲み込めなかった。青年時代をともに過ごした友が今、第1級殺人罪で起訴されてるって?

ダーショウィッツはハーバード大学のロースクール史上、最年少で専任教授となった男である。

第1級殺人罪に問われた友の頼みを、当然のことながら彼は初めは断った。

その年のハーバードでの講義スケジュールはすでに決まっていたし、ケンブリッジとニューヨークを頻繁に行き来するのは難しく、そのような状況を考慮すると弁護を担当するのは無理だと考えたのだ。

その代わり、古くからの友人として自分に代わるニューヨークの敏腕弁護士を紹介すると約束し、また、憲法の基本権の問題についてはセイゲルの弁護団の1人としてサポートすると伝えた。このくらいすれば十分ではないだろうか?

しかしセイゲルは彼の提案を受け入れなかった。

他の弁護士は信用できないと言って、ダーショウィッツ以外の弁護士を拒んだのだ。

セイゲルの登場により、このハーバード大学教授のある秘密が明らかになる。

教授とテロリスト、道を分けたたった1つの差とは

最高の弁護士と最悪の容疑者が出会うまで

重要な変化のきっかけは、褒められたこと

セイゲルとダーショウィッツは、ボロパークでユダヤ人の建てた学校にともに通った。父親の世代から教えている教師も何人かいた。

学校での彼らは――のちに自らも認めているように――共通点が多かった。どちらも成績が悪く、教室の後ろの座席で授業の間ずっと居眠りをしていた。

ダーショウィッツの成績は、数学と英文法はそれぞれCとDで、生活態度と勤勉さではF、ひどいときにはFマイナスということもあった。

彼の親はしょっちゅう学校に呼び出され、その回数があまりにも多かったため、クラス

メイトが「ダーショウィッツの母親は学校で働いているのか？」と尋ねたことまであったという。

ダーショウィッツは、授業中はいつも退屈そうで集中力も1分と持たなかった。当時の担任は「注意欠陥」や「多動性」といった小難しい用語は使わず、ダーショウィッツの問題行動をより単純な言葉で説明した。

ダーショウィッツには硬い椅子のクッションになる「尻の肉」が足りないのだと。だからじっと座って何かを長時間学ぶことができないのだと言った。[*5]

ボロパークでのダーショウィッツは、何においても平均的だった。

ただ、腕っぷしだけはずば抜けていて、転校生を殴り倒すのは彼の役目だった。

学校の成績と生活態度は最低だと知られていたため、他の生徒の親たちからは、自分の子どもに近寄らせてはいけない要注意人物とされ、彼の悪い影響を受けるのを恐れた近隣住民は、ダーショウィッツを家に入れなかったほどだ。[*6]

そのうえ、彼にはテロリストの気質があった。

高校の授業中に「生意気だ」と教室を追い出されたダーショウィッツは、等身大に作った人形に自分の革ジャンとズボンを着せ、帽子までかぶせて、学校の屋上へと上がっていった。自分に似せた人形を無言で屋上から突き出す。

それから、仲間が下の階の教室へと下りていき、ダーショウィッツが屋上から飛び降りようとしていると叫んだ。

教師が窓際に駆け寄ると、ダーショウィッツは人形を屋上から落とした。落ちこぼれだと叱った生徒が自殺する瞬間だった。

「ダーショウィッツが飛び降りた！　あいつとうとうやっちまった！」[*7]と悲鳴が上がる中、罪悪感と恐怖におののく教師の目の前で人形は地面に打ちつけられた。

血の気の引いた表情の教師の目の前には、ばらばらになった人形と、愉快だと言わんばかりに笑うダーショウィッツがいた。

「ちょっとした悪ふざけのつもりだった」と釈明したが、担任も学校も信じなかった。

「不良の落ちこぼれ」はなぜか大学にいた

そして彼の親友だったセイゲルも同じようなものだった。

セイゲルは学校の音響システムに個人のマイクをつなぎ、学校中にデマを広めて、スクールカウンセラーだけでなく他の生徒たちをも激怒させた。

セイゲルは多感な17歳のときに母親を亡くした。父親はたったの1年半で新しい女性と再婚し、新しい母親はセイゲルを「生意気で責任感もないうえに何もできない」と言っていつも非難した。

セイゲルはうつむきがちになり、友だちも少なく、いつも陰鬱な様子でひとり学校に通った。彼は、なぜかまわりの人間を不快にさせた。

高校卒業後は都心にある私立大学に進学したが、何かと上手くいかず、ニューヨークの市立専門大学や南カリフォルニア大学、市立大学というように大学を転々とするはめになった。

それはダーショウィッツも同じだった。ダーショウィッツは、目も当てられないような成績でユダヤ教の教区内の高校をかろうじて卒業した。

現在80歳を超えるダーショウィッツは、今でも当時の成績表を持っている。数学は60点でF、物理も60点でF、歴史は65点、ヘブライ語も65点、そして唯一英語だけはなんとか80点という好成績を残している。[*8]

教師たちは、ダーショウィッツの大学進学に反対した。

「お前は今も昔もそしてこれからも、落ちこぼれなのだから」と諭した。

進路相談室の資料には、ダーショウィッツに大学進学ではなく技術者になるよう勧める内容が記録されていた。[*9]

ところが、このたった数か月後には、ダーショウィッツはCやDレベルの高校生からAプラスの評価を受けるブルックリン大学の学生になっていた。[*10]

いったい、何が起きたのだろうか？

たった1つの「良いシグナル」が人生を激変させた

アメリカのメープル・レイクで行われたキャンプにダーショウィッツは参加していた。彼はここで、それまで経験したことのないシグナルに触れることになる。

ダーショウィッツは常に自分の能力に対して懐疑的だったが、彼の伝記『証言台に立つ』に自身の心情についてこう書いている。

「両親は私を愛してくれたが、一度も賢いと褒めてくれたことはない。高校の成績表に並ぶ点数は、私が勉強とは関係のない道を歩むことを物語っていたからだ。中学生のとき、ある先生に賢いと言われたが、その人は私の父も教えていたから、その言葉はまったく信用ならなかった。誰にも認められなかったけれど、私はずっと、自分の学力の可能性を誰か権威のある人に認めてもらいたかった[*11]」

ダーショウィッツのこの願いは、叶った。

キャンプに初めて参加した人々は、ダーショウィッツが「大学にも進学できない成績の生徒」だということをまったく知らなかったのだ。

そんな空間でダーショウィッツは初めてユダヤ人チームのリーダーの1人として選ばれた。工夫しながら数々のタスクをこなし、キャンプを終えると、ダーショウィッツのこれまでの人生で初めて、ある人物が彼の肩に優しく手を置いて言った。

「君は本当に賢いなぁ。君が今やってみせたのは、単なる暗記以上の知的作業だよ[*12]」

この人物は、ハーバード大学で教授を務めるユダヤ人学者アーヴィング・グリーンバーグだった。グリーンバーグはダーショウィッツに初めて、そして真剣に大学への進学を勧めた[*13]。

この瞬間、ダーショウィッツは内側から湧き上がってくるシグナルに気づいた。

そしてこのシグナルを疑わなかった。

その選択は周囲のすべての人を驚かせたが、ダーショウィッツは気にしなかった。

「そこから数か月間私は必死で勉強した。すると、小さな高校で50人中最下位だった私の成績は、約2000人の大学で1位となり、アメリカで170人しか選ばれないイェール大学のロースクールでも1位になったのだ[*14]」

「悪いシグナル」が引き寄せたもの

一方、セイゲルはこのような肯定的なシグナルに触れることがなかった。そのため彼は周囲の予想通り貧民街を転々とし、落ちぶれていった。

1969年にテロリスト組織のJDLに加わったのち、テロリストグループの拠点で社交クラブの役割も兼ねていたボロパークの本部に頻繁に出入りするようになった。

だが、ここで意外な才能を発揮する。

セイゲルは電子機器をいじるのが得意で、弾薬を管理するグループに所属していた。セイゲルが器用に様々なタイプの爆弾を作れることがわかると、テロリストたちから多くの依頼が舞い込んだ。仲間に囲まれ、初めてヒーロー扱いされたのだ。

こうしてセイゲルの中にはテロリストのシグナルが流れ始めた。

セイゲルを慕う者の中にはシルクのように柔らかな金髪の、青い目をしたトーバ・ケスラーという美女がおり、セイゲルはすぐに恋に落ちた。彼女の家族は全員がＪＤＬに所属していた。セイゲルは完全にテロリストとなってしまったのだ。

２人の邂逅《かいこう》と、その結末

そして１９７２年の事件をきっかけに、高校までは同じように生きてきたはずの２人の人生が、再び交差した。

ダーショウィッツの知るセイゲルは、ユダヤ人の問題に特別興味を持っているわけでもなければ、そんな活動をしたこともなかった。爆弾テロや殺人の疑いをかけられるような人間になっているとはまさか思ってもいなかった。

片やセイゲルも、同じように生きてきたダーショウィッツがまさか最高の弁護士と呼ばれるようになっているとは夢にも思っていなかった。

結局、ダーショウィッツはセイゲルの弁護をすることになった。

それから数か月が過ぎ、法廷では異例の光景が繰り広げられた。世界最高の弁護士が世界最悪の第1級殺人罪に問われた人間を弁護していたのだ。

検察との熾烈な戦いの末、ダーショウィッツが得た判決文は次の通りだ。

「故に、被告人の事件の状況を鑑み、盗聴テープが破棄され、当該テープがもはや存在しないことから、今後の裁判のための返還命令は無益な試みとなるだろう。よって、被告人の罪に関連して下された原判決を破棄し、これを無効とする」

ダーショウィッツはセイゲルの汚名をそそいだのだ。

小さなボロパークでは、「昔はかなりのワルだったのに、今じゃそういう奴らの弁護をしている」と、人々は口々に噂した。

同じ境遇でありながら、受け止めたシグナルの違いでまったく異なる人生を送ってきた2人の不思議な、運命的な再会であった。

あなたは自分の弱みと同じくらい自分の強みを恐れている

心理学から見る「心のブロック」の正体

たった15分で、良いシグナルは作れる

不良少年からエリートに変わったダーショウィッツの例を紹介したが、このようなケースは実は彼に限ったことではない。

良いシグナルが送られると、急激に学力が伸びる。このことは様々な研究により科学的にも証明されているのだ。

最初に研究したのは、社会心理学者のエリオット・アロンソンで、勉強に関して説得力のあるシグナルを学生たちに送ると、数か月、または数年が過ぎても成績が上がり続けるという現象を報告した。

この成果を見るや、他の学者たちもあとに続いた。

後続研究では、学生たちに自分が最も重要視している価値——たとえば家族、友情、楽器の演奏の上手さなどと、なぜそれらを重視するのか、理由も1段落程度の文章で簡単に書いてもらった。

彼らの価値観を「自分の意見」として表現させるためだ。作業として15分しかかからないものである。

心理学者たちは定期的に教室を訪れ、この作業を繰り返させて、学生たちが自分だけのシグナルを作る力を育てていった。

そして数か月後、学者たちは魔法のような結果を得た。

1. 学期の初めに最下位に属していた学生たちが最も大幅に成績を伸ばした
2. 学生たちの成績が下げ止まった
3. 最上位と最下位の成績の差が40%に減少した。特に下位の学生たちの成績が著しく向上し、少なくとも2年はその傾向が続いた[*15]

いったい、なぜこのような変化が起きたのか?

学者たちは次の2点を挙げる。

1．成績が下位の学生たちに起こったのは、「自己価値確認」だ。自分にも能力があり価値のある人間だと思えるようになったのである。そのため、学生たちはその「大切な自分」と比べれば、学期の初めの成績の低さや自分を取り巻く「劣等生」といったシグナルは、さほど重要ではないと感じるようになった。さらにそれが勉強へとつながった

2．成績の向上により、悪循環を断ち切ることができた*16

つまり、自分だけの「良いシグナル」を見つけ、集中したことで、彼らは「自分には価値がない」「できない」という悪いシグナル＝ノイズを断ち切るようになったわけだ。そして、結果がついてくることで勉強への苦手意識がどんどんなくなっていく。

マズローの説く「ヨナコンプレックス」

人間の動機づけ理論について世界中で最も多くその研究が取り上げられている心理学者に、アブラハム・マズローがいる。

彼は、自分が平凡だと考える人にこんな言葉をかけると言う。

「私はよく学生たちに『大統領になりたい人？』または『シュバイツァーのように人類に

ひらめきを与える模範的なリーダーになりたい人？』といった質問をする。そしてもじもじしている学生や顔を赤らめている学生に、続けて次のような質問を投げかける。『誰もやらないなら誰がそういったことをやるのだろう？』」[*17]

ここまで様々な事例を見てきてなお、そんな偉業を成し遂げるのははるか遠くにいる上流階級の人たちだと考えてしまわないだろうか？ 先に紹介したダーショウィッツのような話も、実際のところ今の自分にできるとは思えないかもしれない。

しかし、もう一度考えてみてほしい。人間は誰しも無限の潜在能力を持って生まれてくる。それなのになぜ、一握りの人しかその才能を開花させることができないと考えてしまうのだろうか？

マズローは、私たち自身が自らを平凡だと思い込み、偉大な夢を抱こうとしない姿を「ヨナコンプレックス」と呼ぶ。

聖書に登場するヨナは重大な使命を与えようと彼を捜す神の呼びかけに恐れをなして逃げようとする気弱な商人だ。

「人間は自身の弱みと同じくらい強みも恐れる」とマズローは説明する。

そのため、夢を実現することを恐れ、ただ一日一日をどうにか生きていくだけで満足してしまうというのだ。マズローの説明をもう少し詳しく聞いてみよう。

「私たちが心の奥底で恐れているのは、自分が不十分だということではない。自分に想像以上の能力があるということだ。闇ではなく、光が私たちを恐れさせているのだ。『自分は優秀で、器量も良く、才能があって、立派だ――そんなことがあり得るのか？』この疑問に、私は問い返したい。実際、あなたがそうであってはならない理由がどこにあるのか？ 自ら気後れしてまわりの人々に不安を感じさせないようにすれば、実際どんな光も照らすことはできない。むしろ自分の光を輝かせてこそ、私たちは無意識のうちに他人にも同じようにできると認めていることになるのだ[*18]」

このことは、これまで確かめてきた数多くの奇跡を私たちに思い返させる。シグナルを断ち切って生まれ変わった世界的なスターたちに、私たちは出会った。

しかし、彼らを見ながら、自分もそうなれると素直に思った人はどれだけいるだろう？そう思えないのは、闇にいることにすでに慣れてしまっているからだ。

私たちが本当に恐れているのは、闇から抜け出た人々が明るく照らす「光」だ。その光が自分の中にもあることはわかっている。ただそれを恐れているに過ぎない。

マズローが指摘しているのもまさにその点だ。

「断ち切った」子どもたち

スタンフォード大学のグレゴリー・ウォルトン教授の研究チームは、このマズローの教えを用いて、スラム街にある学校を舞台に実験を行った。

ウォルトンが出会ったのは、人種的なマイノリティーで社会経済的に最下層に属する生徒たちだった。10人中9人は給食費を払えず無償の学校給食の支援を受けている。親の4人に1人は高校を出ておらず、総合大学はおろか専門大学を卒業している親の割合は9％である。[*19] この場所は、想像以上に陰鬱として暗い場所だった。

研究チームは、この学校でマズローの教えを植えつけようと考えた。

勉強は単に成績向上のために行うのではないということ、勉強を通じて自分も社会で光り輝く大切な存在になれるというシンプルなメッセージを送ったのだ。

そのうえで、次のような指導を行った。

ウォルトンは生徒たちに次の写真を見せて、数学の宿題をするとはどういうことか、次の中から選ぶように指示した。

1. 問題解決力を育てること
2. 電卓を使って計算し、その答えを書き留めること

1番は、なぜ数学を学ぶのかという本質をついたもので、2番は数学の宿題を単に機能の観点から見たものだ。

生徒たちは徐々に1番を選ぶようになり、勉強に対する根本的な見方を変え始めた。

1番を選んだ生徒たちには簡単な数学の問題を大量に解くよう指示するのだが、その際に次のことを伝える。

「頭を抱えるような難しい数学の問題を解くよりも、このように簡単な問題をたくさん解く方が、数学の基本をしっかりと身につけられることが研究によって科学的に証明されている」

数学の宿題をするとはどういうことか

それから時間を与えて、生徒たちに自由に問題を解いてもらい、その様子を観察した。すると、彼らはよそ見をするどころか、重要なことに取り組むようにひたすら退屈な問題を解いていたのだ。[*20]

ウォルトンは生徒たちを長期にわ

たって調査したのだが、その結果は驚くべきものだった。10人中7人が大学に進学し、卒業するまでに至ったのだ。

学力とは無縁ともいえる環境で、子どもたちは既存の決まり切ったシグナルを断ち切り、自身の道を歩み始めたのである。

平均的な学力の子は、シグナルの力で伸びるのか？

しかしここで、もう1つの疑問を提起したい。

彼らはスラム街、つまり普通からはかけ離れた生徒たちだ。そのため、そもそも劇的な変化があらわれやすいのではないか？

もちろんウォルトンはその点も織り込み済みで、もう1つ印象深い研究をしている。舞台はカリフォルニアにある中位の高校で、生徒の多くは数学と科学の科目で平均以上の成績を収めていた。

スラム街のケースとは異なり、彼らに対しては慎重に研究を進めた。

それは、平均以上の成果を上げている生徒たちに「学びとはこうあるべきだ」と話しても、それを素直に受け入れさせて彼らの考え方を変えるのはとても難しいためだ。

下手をすれば自分の自主性を否定されたと受け取り、反感を覚えかねない。[*21]

特に勉強に対する内在的な動機づけは、自主性が担保されていることが非常に大切だ。

勉強に対する動機は、一律ではない。

そのため、研究チームはまず生徒たちに自由記述式のエッセイを書いてもらうことから始めた。以下は、生徒たちに勉強に対して単に学ぶこと以上の目的を見出させるための問いだ。

「世界をより良くするにはどうするべきでしょうか?

世界は時に不公平で、より良い世界にするための意見は人それぞれ違います。アフリカでの飢餓による死者数は数百万人ともいわれ、その数を減らすべきだと考える人もいれば、社会の偏見をなくすべきだと感じている人、暴力や病気を減らしたいと思う人もいるでしょう。

これらはあくまで例に過ぎません。様々な人が多様かつ多くの変化を望んでいます。より意味のある、より良い世界にするためには、あなたはどうすれば良いと思いますか?[22]」

生徒たちはこの活動を通じて様々な価値観に触れ、自分なりの考えを持ち始めた。

「私は遺伝学の研究者になりたいと考えています。遺伝学を通じて食糧の生産量を増やせれば、飢餓に苦しむ多くの人々を救うことができるので、とても意義のある仕事だと思います[23]」

「学校で学ぶことはこの世界で生きていくうえでの基本を理解することだと思います。特に科学を学ぶことは、環境エンジニアを目指す私のキャリアにとって良い基礎固めになるでしょう。より良い世界のために、私たちが直面しているエネルギー問題を解決するのが目標で、意義深い活動だと考えています」

結果、この作業に取り組んだ生徒たちの成績は、みるみる上がり始めた。

「どうしてこんな簡単なことで生徒たちのＧＰＡの成績が上がったのか？」*24

ウォルトン自身も研究結果に驚きを隠せなかった。そして、ここからさらに一歩踏み込んだ考察を見せてくれる。

やり遂げられる人には利己的な動機以上の目的がある
ウォルトンが明かした学びにおける3つのタイプ

真の良いシグナルは、学ぶことの退屈さを耐えさせる

これまでのウォルトンの研究を振り返ると、1つの疑問が浮かんでくる。それは、「勉強するときの退屈さはなかったのだろうか?」という問いだ。

結論からいえば、当然退屈さはある。ダーショウィッツも昔とはまったく違う青年に生まれ変わったが、勉強の退屈さは同じように感じていた。科学の概念について考え、数学の問題を解くのはどうしたってつまらない。

偉大な数学者たちが偉大な発見をするために「一日中紙に何かを書き留めては丸めてゴミ箱に捨てていた」[*25]とその苦難を明かしているように、ウォルトンのスラム街の生徒もま

た10人中9人が勉強してみたら退屈だったと答えた。

ウォルトンもその事実を認めている。

「科学、技術、工学、数学のような価値ある分野を習得するのは、残念ながら、大部分が味気なくて苦痛だ[*26]」

しかし、大きな目的と価値を見出せれば、勉強へのやる気や自己管理能力が生まれ、数学の問題を解く退屈な過程も最後までやり遂げることができる。

無理やり学習時間を増やしたり、成績向上のために生徒を追い込んだりする必要はなかった。スラム街の生徒たちにはそれを乗り越える力が最初からあったのだ。

人間には、3種類の動機がある

ここで、もう1つウォルトンの実験を紹介したい。

今回対象となるのは、「もともと勉強ができる子たち」である。つまり、あれこれ悩まずともアイビーリーグに易々《やすやす》と入れるような子たちのことだ。

ウォルトンは、彼らを3つのタイプに分けた。

1. 勉強にさほど価値を見出せていない子
2. 勉強することに対して利己的な動機が強い子

3．学ぶ意味を見出し、自分の分野を真に理解している子

まず、1のタイプは、他のタイプに比べて明らかに伸び悩む。

次に、2のタイプ。「他の子に負けたくないから」「一流大学を卒業して良い企業に就職したいから」「社会や親から認められたいから」など、利己的な動機の強いタイプの場合、初めは自分を追い込む効果があるが、時間が経つとだんだんとその効果が弱まっていくことがわかった。

特に勉強の退屈さが増すと、1の勉強に価値を見出せていない子よりは多くの問題に取り組む傾向にはあったが、明らかに限界が存在した。たとえるなら、マラソンで序盤は調子がいいものの、疲れてどんどん追い抜かれていくランナーである。

では、3番目のタイプはどうだろうか？　学びに意味を見出し、自身の分野を真に理解している彼らは、退屈な勉強も最後までやり遂げるだけでなく、一貫して好成績を維持していることがわかった。彼らはゴールまで力強く走りきることができるのだ。

個人的な目的を超えた理由

関連して、心理学者ヴィクトール・フランクルは、約2000人の高校生と大学生を対象に大規模な長期の研究を実施した。その研究結果は次の通りだ。

「学びにおいて個人的な目的以上の〝WHY（理由）〟があれば、問題を解くという退屈で苦痛な〝HOW（過程）〟に耐えることができた」[*27]

さらに研究結果について4つの段階に分けて説明している。

1. いつでもインターネットなどを見ていいという環境的なシグナルの中でも、退屈な問題を最後までやり遂げる力が生まれた
2. 数か月後には科学・技術・工学・数学の成績が向上し、
3. 退屈な試験問題にも倍以上の集中力を発揮し、
4. その結果、数学では実に35%も成績が向上した[*28]

そう。**真の良いシグナルとは、自分の利益の追求、自分にとって都合の良いことの追求ではないのだ。**

ウォルトンは、次のように投げかける。

「まず、あなたが警察や軍隊の幹部候補生だとしよう。自分の使命は市民を守ることだと考えた方が、単に自分自身を守るためだと考えるよりも積極的な姿勢で厳しい訓練に耐え

られるのではないだろうか？

次に、コンピューターのハッカーを思い浮かべてほしい。利己的な欲望のために金やコンテンツをハッキングするよりも、国をサイバー攻撃から守るためにコンピューター言語を学んだ方が、個人的にもより意味のある時間を投資できるのではないだろうか？

さらに聞きたい。消防士に炎の中に飛び込む覚悟をさせるのは、給料を増やすことだろうか？　それともその意義と大切さに気づくことだろうか？」[*29]

私たちは価値ある存在だ。だが、その価値を長い間あまりにも軽んじてきた。

一人ひとりに力があり、好きなことを通じてこの世界をより意味のあるものに変えることができる。個人の枠に留まらない信念と確信、そして自分の歩む一歩一歩にはすべて意味がある。

そのことに気づけば、自分を取り囲む多くの敵対的なシグナルの中でも負けることなく、意味のある変化を生み出すことができる。

そしてその変化は深い闇の中で、いっそう明るい光となる。スラム街の生徒たちを新たに照らした光のように。

「権威のシグナル」を捨てなければ深い理解の世界にはたどり着かない

弁護士ダーショウィッツの信念

「権威のシグナル」を捨てる

この章の最後に、不良少年から華麗な転身を果たしたダーショウィッツのエピソードをもう1つだけ紹介したい。

ダーショウィッツがハーバード大学のロースクールで教授として教壇に立った日、彼は教室を一度見渡した。アイロンのきいたシャツとネクタイの似合う男子学生と、法学に関心のある数人の女子学生がいた。

教室では、ダーショウィッツが黙っているときには皆同じように息をひそめ、ダーショウィッツが口を開くと数百のペンが動く音が聞こえた。学生たちはダーショウィッツのちょっとした冗談まで速記者のように書き留めた。

ダーショウィッツは学生が机の上に置いている何冊もの分厚い判例集が現実ではまったく使い物にならないことを知っていた。

ダーショウィッツはハーバード大生にペンを置くように指示した。

法廷でも裁判官の言葉をひたすら書き留めるつもりか？　その代わり実際の法廷にいるかのように1つの刑事事件についてしっかりと耳を傾け、状況を把握し、弁護士になったつもりで考える方法を伝えようとしたのである。

すると学生たちは不安そうな様子を見せた。教室の中にはダーショウィッツよりも歳上の学生もいたが、皆、目の前の「ハーバードロースクールの最年少教授」という権威的なシグナルに萎縮していた。

ダーショウィッツはまず、そのシグナルを排除しなければならないと考えた。

そこで、彼は訴訟事件の説明をするときにわざと間違えて、どんな内容の陪審員説示だったかを聞いた。するとある学生が、教授にこんなことを言ってもいいものかと心配した面持ちで手を挙げた。

「先生、陪審員説示はありませんでした。訴訟はその前に決着がついています」

ダーショウィッツは失敗したという表情を浮かべた。

「ああ、そうだ。君の言う通りだね」

教授が権威のシグナルを消すと、学生たちは1つのテーマを巡り教授と議論を戦わせることを恐れなくなった。[*30]

ダーショウィッツは、権威のシグナルが人に良くない影響を与えることを知っていた。ある学生は授業で刑事事件の論証をする際、「哲学者のカントによれば……」「哲学者のヘーゲルが言うには……」と、権威のある人間の言葉の陰に隠れていたという。

あるとき、同じ学生が「ハーバード大学のノージック教授曰く……」と、また権威を借りようとしたので、ダーショウィッツはすぐさま教室にノージック教授を連れて来た。ノージックはその学生を舐《な》めるように見つめると「君は私の哲学について何も知らないくせに、私をいいように利用してくれてるようだね」と言って、大恥をかかせた。[*31]

それ以来その学生は権威を借りようとすることはなくなった。

ダーショウィッツの信じたシグナル

そんなダーショウィッツの授業は風変わりで有名だった。

「彼の刑事事件の授業は、過去の法律のクラスとはまったく違っている。ダーショウィッツは弁護士を志す学生たちに、抽象的な控訴趣意書の代わりに人類学者のマーガレット・ミードが研究した文化人類学の資料を読ませる。そして刑事訴訟への対応については、事件を理解するために医学の研究や道徳についての教皇の講話を聴かせる。犯罪を分類させる代わりに、学生たちにアメリカ人男性の性生活に関するキンゼイ・レポート（性科学者アルフレッド・キンゼイにより発表された統計調査報告書）を読ませる[*32]」

学生の中にはこの授業を批判する者もいたが[*33]、一方でこのハーバードロースクールを卒業し、法律のプロフェッショナルとして働く先輩たちはダーショウィッツのやり方を称賛した[*34]。

ダーショウィッツが伝えたかったのは、判例集の暗記を超えたところにある実践であり、法と人への「深い理解」だった。

では、ダーショウィッツはプロとしてどんなシグナルに従っているのだろうか？

ダーショウィッツは身分を問わず様々な人の弁護を務めてきたリバタリアンとしても有名だが、その姿勢についてこう答えている。

「アメリカの刑事裁判では、ボロパークのような貧民街に暮らす学歴の低い人やマイノリティーに属する人ほど不利になる。それでも今、粗削りながらも正義が形式的に残っているのは、現制度が裁判において当事者主義を採用しているおかげだ。つまり被告人は誰でも検察や国に立ち向かうことができる。

裁判でのこの当事者主義を私は重要だと考えている。罪を犯したり、社会的に非難されたりしている被告人を裁判で弁護し、時に無罪を勝ち取るのも、社会で私たちが享受している自由に対して多少なりとも支払うべき代償だと信じているのも、この当事者主義を支持しているからだ。[*35]

彼らを弁護するのは、金のためじゃない。ハーバード大学の教授として生活には何も困らないのだから。それよりももっと大きな志があるからだ。罪を犯した人や世間から後ろ指をさされた人々が、自分を最低限弁護する権利すら奪われてしまうような司法制度を一度想像してみてほしい！」

政治社会学者のジョン・R・ヴァイルは次のように記録している。

「ダーショウィッツは一般的な弁護士たちがかかわりたがらない、世間の謗《そし》りを受ける犯罪者たちの最後の頼みの綱として彼らを弁護する。金持ちだろうと、貧乏人だろうと、司法制度が許す弁護の機会をあくまでも保障しなければならないという信念をずっと持ってきたからだ[*36]」

高校で最低限の学ぶ権利すら失い、バカにされた1人の青年が法曹界で価値ある光を生み出していた。

9

章

ハーバードから
始まる新しい波

可能性のシグナルは
誰にでも生み出せる。

消えない差別のシグナルと生み出された新たなシグナル

ハーバード大学の黒人学生たち

アメリカ社会は、優秀な黒人学生をどう見たか？

ウォールストリートが今日のような様相を完成させたのは1950年代後半だ。

1792年に少数の株式仲買人がウォールストリートに集まり、証券取引に関する取り決めを行って以来、数億から数十億にも増えた人口の未来を左右する資本主義の空間として確立するには、約150年の時間を要した。

この躍進の時期にウォールストリートへと飛び込んだ人々は、1800年代に今日に至るまでもなお受け継がれるほどの莫大《ばくだい》な資産を手にした。

一方で、この黄金時代の恩恵をまったく受けられなかったのが、奴隷出身の黒人たちだった。

ハーバード大学は機会の扉として黒人学生の定員数を増やしたが、ハーバード内部からは「黒人を受け入れるなど、盲人に航空機のパイロットになる方法を教えるようなものだ」とあからさまな反発を受けた。

この様子を見守っていた社会学者たちは「黒人は依然として知的に劣っているというシグナルを受けている」とまとめた。

知的に劣っているというシグナルにさらされている学生がハーバードに入るとどうなるのか。ハーバードは新しいシグナルを黒人学生たちに送ろうとしたが、彼らが同じ学年の学生たちから受けたのは、次のようなシグナルだった。


「黒人の女にしては、結構冴《さ》えたこと言うじゃないか」

「黒人がこんなとこまで来られるなんて見たことないよ」

「私はモニカ。あんたの〝ニガー（nigger　黒人に対する侮蔑表現）〟とは違うの」

「お前も白人だったら良かったのになぁ？」

「黒人ってだけで簡単にハーバードに入れるんだから羨ましいよ。マイノリティーで本当ラッキーな奴」

「違う色の肌の奴なんて見たくもない」

「お前に専門書なんて読めんの？[*1]」

「Incognegro」

最後の言葉は、社会的な用語で「黒人に生まれ、黒人のグループにふさわしい低い地位に慣れている人」を指している。

黒縁眼鏡をかけた黒人学生たちに対して、他のハーバード大生たちは身の丈に合った場所に帰れと陰で「Incognegro」とささやいていた。

蔑みのシグナルの中では、結局、地位の向上は望めないのだろうか？　ハーバード卒の多くの黒人学生たちは、依然としてウォールストリートでは招かれざる客だった。

慣習を打ち破る新たな希望

社会学者のマイケル・ガディスは2011年『学力社会における差別』という研究論文で、ウォールストリートの企業がハーバード卒の白人学生と黒人学生をどのように採用するのかを追跡調査した。

すると、白人のハーバード卒業生の就職率が最も高いことがわかった。しかし黒人やアジア系の有色人種の場合には、同じ成績でハーバードを卒業しても、州立大学程度の学力しかないと見なされた。

ガディスは、大学卒業後の人生を決めるのは一流大学卒かそれ以外かという学歴の差ではなく、志願者の肌の色だとする研究結果をまとめた。

「ハーバード卒という学歴があっても、黒人学生のダクアンが平凡な白人学生のチャーリーとは異なり、企業の肯定的なフィードバックを受けられなかったことを考えると、最高の教育にも限界があるようだ[*2]」

これは世界的なエリートを養成するハーバードが黒人にも同等の機会を与えることに失敗している証のように見える。黒人学生たちはハーバードを卒業しても、州立大学の卒業生のように扱われ、どこかに埋もれてしまうのだろうか？

この問いに対し社会学者たちは、ハーバードの彼方《かなた》に非常に小さいながらも明るく輝くシグナルを見つけていた。

ある黒人学生はハーバードの教室で静かにインタビューを受けた。彼は自分のまわりのシグナルが何を語っているのかをよくわかっていた。

しかし、彼の瞳はまわりの視線とは異なるシグナルを語っていた。

「黒人であることは、僕にとっては〝信念〟です。目に見えないものに対する〝可能性の信念〟であり、アメリカとハーバードという2つの主流の社会の片隅で育つ希望の芽でもあります。そんな僕の信念をもとにお話ししたいと思います」

彼の瞳には揺るぎない光が宿っていた。

「たとえ僕にはハーバードは似合わないとまわりに言われようとも、そんなことは気にしません。どんな嘲《あざけ》りや疑いの目を向けられたとしても、僕という人間は意味のある存在で、価値があり、片隅からだって未来を照らすことのできる、新たな希望だと強く信じています[*3]」

社会学者たちはハーバードのこの新たなグループについてさらに研究を進めた。

可能性のシグナルで真の才能を目覚めさせる

シグナルにまつわる2つの実験

良いシグナルを発すると、自分にも好影響がある

社会心理学者のアロンソンは、スタンフォード大学の黒人学生42人を対象に「シグナルの実験」を試みた。

アロンソンは、スタンフォード大学の黒人学生を2つのグループに分け、それぞれスタンフォード大学への進学を希望する黒人の中学生の指導をさせた。

1つ目のグループは、「知能というのはある程度生まれ持ったものだ」と中学生に教え、もう1つのグループは、「知能は後天的に高められる」と中学生に伝えた。

アロンソンは学生たちを追跡調査した。彼らは、単に中学生の指南役を任されたものと

思っていたが、アロンソンが観察していたのは、教える側の黒人学生たちである。「知能は高められる」という新たなシグナルを中学生に伝えた黒人学生のグループは、時間が経つにつれて、自身の勉強に対する集中力と成績が顕著に向上し始めた。[*4]

これは、「知能は伸ばせない」と伝えるように指示したグループの学生には見られない傾向だった。

つまり、**可能性のシグナルは誰でも、自ら生み出すことができるのだ。**そしてこの可能性のシグナルは、アロンソンが主張するように、「自身の経験によってあらわれ、強くなる」のである。[*5]

客観的に見ることが「脱出」のヒント

ドイツのコンスタンツ大学の教育学者キャロリン・シュースターもまた、シグナルを断ち切ることに関する新たな研究を明らかにした。

約150人の女子学生たちに、数学ができないというシグナルをまず送り、次にそのシグナルを断ち切る方法を教えた。

シュースターは、女子学生たちに「数学は自分には向かない分野だ」というシグナルを自分のこととして受け止めるのではなく、客観的に見るよう促した。それから、そのシグナルを逆に自分が評価してみるように指示した。

性別が違うからという理由だけで、自分と数学との距離を引き離すシグナルがどれほどバカげたものなのか？

歪《ゆが》んだ社会のシグナルを冷静かつ客観的にとらえた学生たちから、シュースターは非常に驚くべき成績表を見せられた。

教室で作られる誤ったシグナルによって、私たちはどれほど多くの可能性を潰してきただろう？　シュースターは**「自分の可能性を疑う外部からのシグナルを逆に自分で評価し直すだけで新たなシグナルが作り出される」**[*6]と研究結果をまとめている。

ウォールストリート史上に残る「伝説の面接」

黒人学生マグワイアの自信

「圧倒的不利」を覆した言葉

スキンヘッドが特徴の黒人青年レイモンド・マグワイアは、ウォールストリートでも指折りの投資銀行ファースト・ボストン（現クレディ・スイス）の面接を受けにいった。

マグワイアはハーバード卒のエリートであったが、待合室には同じく白人のハーバード卒業生たちが列をなしている。

面接官はマグワイアのことは眼中になく、すぐに次の候補者へと移るつもりだった。マグワイア自身も、自分が身の丈に合わない白人たちの世界に入ろうとしていることは承知の上だった。これはいったいどういう状況なのか？

　ある社会学者はこのように記している。

「黒人のような有色人種は、保守的な白人社会のウォールストリートでは、名門大学卒かどうかに関係なく、その肌の色だけで敬遠され、二流の候補者として評価される」*7

　面接官は無表情のまま、マグワイアのハーバード卒という経歴を一瞥《いちべつ》して声をかけた。

「なぜあなたをこのウォールストリートで受け入れるべきなのか、5分で私を説得してください」

　面接官の顔はすでに不合格と言わんばかりだった。

　マグワイアは「どのような答弁をすべきか、簡単な方向性か何かを教えていただくことはできるのでしょうか？」と聞いてみたが、面接官は冷たく「いいえ。残り4分45秒です」と答えるだけだった。

　そこでマグワイアは、ためらいなく答えた。

「ハーバード大学、ハーバードロースクール、そしてハーバードビジネススクールまで出れば、一番良い点数をいただけるでしょう。私はすべてに合格し、そして首席で卒業しました」

　面接官はスキンヘッドの黒人学生の自信をせせら笑った。

「あなたの言う、その大したハーバードビジネススクールを卒業した学生たちの半数が我々の会社の２つの空席を狙って必死になっているのに、なぜ我々があなたを選ばなければならないのですか？[*8]」

それに続く23歳のマグワイアの答えは、その先数十年間すべてのウォールストリート志願者の間で、それ以上ない名言として刻まれた。マグワイアはウォールストリートの独占資本主義の本質に対する最も深い理解を示す答えを返した。

「このように熾烈なウォールストリートの戦場で、私があなたなら、これほどの候補者に向かいの企業から自分の企業を狙われるくらいなら、ともに戦うことを選ぶでしょう。**あなたが私を採用しなければ、私はあなたの企業を狙う敵となるのですから**[*9]」

面接会場にはしばらく沈黙が流れた。マグワイアはあとに続く白人のハーバード紳士たちを押し退《の》けて、翌日ウォールストリートに出社した。

どれだけ強烈なシグナルも、断ち切ることができる

その後マグワイアは、面接での自身の言葉通りに結果を出していった。ファースト・ボストン社を牛耳っていた２人の超エリート、ブルース・ワッサースタインとジョー・ペレラが新会社を立ち上げるときに引き抜かれるほどの人材になった。

最終的にマグワイアはウォールストリートの超大手金融機関シティグループを統括する地位にまで昇り、黒人史上、屈指のウォールストリートの大家《たいか》となった。

ニューヨーク・タイムズ紙によると、マグワイアは「身なりの完璧な紳士[*10]」として知られ、彼の家には値のつけようもない数十点の名画が飾られているという。

マグワイアは、ハーバードを卒業してすぐにウォールストリートへと身を置いた頃のことについて次のように記している。

「白いワイシャツのよく似合う白人たちの築いた優れたウォールストリートは、トップを目指す黒人たちの一番明確な目標だったが、突破していくには一番手強《てごわ》い場所でもあった。ハーバード卒とはいえ、彼らを率いる先輩の黒人が皆無で、総合証券会社で白人と同じ機会を与えられることはなかった[*11]」

マグワイアが席巻したウォールストリートでの黒人たちに関する回顧録をまとめたある伝記作家は、このように記している。

「マグワイアはウォールストリートの最も高い差別の壁を、黒人として正々堂々と突き破り、崩しただけでなく、この分野において最も優れた能力の持ち主として認められた[*12]」

ハーバードで黒人がさらされるシグナルにマグワイアは反応しなかった。黒人だという だけで自ら萎縮しなければならないなど、バカげた話だった。彼にとって、そのようなシグナルは客観的に見れば何の意味もなく、何の価値もないものだった。

なぜそんなシグナルのせいで自らの光を失ってしまうのか？

どれだけ否定的な環境であっても、誰にでもトップになる可能性のシグナルを生み出すことはできる。１つのことを深く理解していくことで、最も保守的な集団の壁をも突き破り、新たな可能性の芽を育てることができるのだ。

すべての悪いシグナルを断ち、内なるシグナルを信じよ

心理学者スティールが研究したシグナルの力

スティールはなぜ、シグナルに注目したのか？

本書でも何度か登場したスタンフォード大学の心理学者クロード・スティールは、実は黒人だ。

両親は息子に、「高校を出たら就職するように」という当時の黒人社会では平均的なシグナルを送ったが、スティールの瞳は大学を見つめていた。

社会の平均的なグラフを覆すときには「この青年はどれだけ本気なのか」というシグナルと戦わなければならなかったが、スティールにもそれを乗り越えるだけの確固たる意志があった。

しかし不思議なことに、一度「できない」というシグナルを受けたまわりの生徒たちは、いくら学問の道を広げても再び立ち上がることはできなかった。

スティールは次のような研究結果を発表した。

「ハーバード、そしてスタンフォード、どちらの大学の学生にもシグナルの効果は見受けられる」[*13]

シグナルの力はどこにでも見つけることができた。最上位の学生たちにも、トップを維持するための努力をさせるシグナルがあった。

それを明らかにするため、スティールは半生をかけてシグナルの力を明らかにした。

シグナルと人生の本質

私たちが悪いシグナルを断ち切り、良いシグナルを信じていくためには、肯定的なシグナルを受け取ることだけがベストなのではない。

これまで見てきたように、生まれ持った才能によって皆が仰ぎ見るような境地へとシグナルが私たちを押し上げることがあるが、そのシグナルは時に揺らぐことがある。

肯定的なシグナルだけを受けて育つと、否定的なシグナルに対する耐性を養えない。断ち切り方がわからないのだ。

エリート大学を卒業したスカウトたちにペドロイアは「補欠にもなれない」と過小評価

された。だが、その否定的なシグナルを1ミリも気にせず、どっしりと構えていたペドロイアは、自分のシグナルを信じ、スターダムを駆け上がった。

難読症に悩んでいたジャック・ホーナーは、古生物学の歴史を新たに作った。

信じていた友人にまで自身の才能をあざ笑われたポール・セザンヌは、すべてを断ち切り、その才能をすべて絵画に注ぎ、のちに世界でも屈指の高値がつくほどの作品を生み出した。

カラヤンは一番大切なたった1つの指揮棒を思い浮かべ、将来を約束された天才クラウスを飛び越え、音楽史上、決して忘れられない指揮を残した。

そしてこの才能の種は、一握りの非常に特別な人々にだけ許されているのではなく、「幅広く蒔《ま》かれている」という嬉しい事実を知ることができた。

さらに遡れば、私たちの現代の暮らしの基盤の多くが、近代の産業革命を機に、もっといえば、「平凡」で特別な肩書きを持たない人々の信念と行動によって生み出されてきたものであった。

世界的な教育学者ケン・ロビンソンは警告する。

産業革命以降に「標準的なエリートを養成するために作られた大学」にすべての栄光を捧げている今、私たちが見逃しているものはないのか？　未来の歴史学者たちはこう評価しないだろうか？

「学校教育はむしろ創意的な精神を鈍化させることに貢献しただけだ」と。

今の私たちは、ウォールストリートの投資銀行で挫折を経験したチェルシーのような若者に10科目すべてでの優秀な成績を求めるのではなく、1科目を深く理解すべきだというシグナルを送らなければならない。

きれいな成功曲線に意味などないのだと、教えてやらなければいけない。

シグナルには、同じ環境から「テロリスト」と「ハーバードの最年少教授」へと道を分けるほどはかり知れない影響力がある。

シグナルの力を理解し、1つのことに向かって深い理解を重ねていくとき、私たちは新たな可能性のシグナルに出合える。

私たちもこれから、そのシグナルを力強く育てていくはずだ。そして自分の歩む道の奥深い本質へと迫っていくだろう。

そのときには、これまで見えていなかったダイヤモンドが光り輝くことに、気づくことができる。

すべてを断ち切り、「一番大切なもの」に向き合うとき、その光は最も明るく輝く。

エピローグ
あなたの限界を決めるシグナルを断ち切れ

祖父から受け継がれてきた夢

1927年4月2日、慶尚北道の醴泉《イエチョン》の小さな村で祝い事があった。まだあどけなさの残る若い女が1人の赤ん坊を生んだ。赤ん坊の股には小さな一物《いちもつ》があった。男の子だった。

教師をしていた父親は、凛々《りり》しい息子の目を見て、数年もせずに事故でこの世を去ってしまった。

一瞬にして夫を失い、片親として気丈に息子を育てなければならなくなった女の表情には、悲しみよりも、息子には父親とは別の新たな人生を歩ませてやらなければならないという義務感があふれていた。

小さな田舎の村では、広い世界に触れられる機会は教育しかなかった。

その後、イェチョンの人々の間で評判になった少年は、父親のいない子というよりも、より広い世界で活躍する子として、羨望の眼差しが向けられた。ある家庭の子にあらゆる機会を与えたら、その子はどう変わるのだろうか？

父親によく似て片時も本を手放さなかった息子のため、母親は全財産を教育に注いだ。母の切なる思いを理解し、青年へと成長したその子は、イェチョンの田舎の人々には想像もつかない中国の地を踏み、日本での留学を終えて帰国すると、韓国最高峰の大学に進学した。

イェチョンで平凡に育っていたら決して出合うことのできない最高の選択肢が、次々と青年の前に差し出された。

そしてどれを選ぶべきか考えていた折に、朝鮮戦争が勃発した。あっけなく徴兵された青年の耳に銃弾が撃ち込まれた。幸い、命は助かったものの、耳はほとんど聞こえなくなっていた。

聴力をほぼ失った青年には、再び父親の影が色濃くまとわり始めた。一番光り輝いていたときの暮らしは蜃気楼《しんきろう》のように一瞬にして消え去り、耳のことと学歴を考えると、就ける職は学校の先生しかなかった。

運命にもてあそばれるように、父親と同じ道を歩まざるを得なくなった息子を見つめる母親の目には、決して表に出さない表情の中に、そっと血の涙が滲《にじ》んでいた。

夢は絶たれたが、少しの間だけでも新しい世界に触れた青年は教育の力を学んだ。気づけば結婚するような年齢となり、彼の妻もまた教師の職を選んだ。

そして鏡に映る自分がいつの間にか老人になっていたときには、自分の息子たちもまた数学教師の道を歩んでいた。

こうして親子3代が教師という安定した家系図が完成し、1980年頃、4代目の子どもたちが生まれた。

3代教師が続く家系では、教育のためなら何ひとつ惜しまなかった。

ソウルの中心地で暮らす裕福な家庭にはほど遠いが、慶尚北道の田舎で子どもたちは父親の父親の、そのまた父親から受け継がれてきた学問に対する独特な雰囲気を全身で感じて育った。

両親は子どもたちの学業に大きな関心を寄せていた。子どもたちは皆、平均的なグラフを易々と超え、優秀な成績を収めて育っていった。

最初に生まれた子がソウル大学に進学し、そのあとの子たちも安定して最高の大学に進学していった。子どもたちはもう教師という職を受け継がなくても良かった。

3代が過ぎてようやく、祖父が夢見た世界をその手につかみ、叶えることができたのだ。だが、それで終わりなのだろうか？

教師の家系で折られた教育のシグナル

ミシガン大学のドリス研究チームは、学業における親の期待が子どもたちの数学の成績にどのような影響を与えるのか研究した。

その結果は、私たちの常識からさほど離れてはいない。どんな親も子どもに才能があるに越したことはないと考える。

才能があるほど好成績を収め、才能がなければそれを補うための努力を要する。そのため、より才能のある子どもに親はより多くの期待をかけ、惜しまず後押しする。

しかしドリスの研究チームは、この平凡な事実においてさらに一歩踏み込み、より重要なことを発見する。

どんなに才能に恵まれていても、これがなければ必ず失敗する。親が子どもの将来を見据えるときに共通して注目するのもこれだ。それは「努力」である[*1]。

そういう意味で、私たちが今しがた出会ったイェチョンの田舎に蒔かれた努力の種は注目に値する。子どもたちは、親の親から受け継がれてきた努力の価値を誰よりもよく理解していた。

教育学者が彼らの家を訪れ、さらに掘り下げて調査したならば、それぞれの家訓もまた同じことだろう。「努力」こそ、子どもの成功を左右する核心だと考えているからだ。

しかし、成功のすべてを努力で片付けようとすると、説明のつかないことが起きる。

というのも、イェチョンで受け継がれていた特別な努力の種には、小さなひびがあったからだ。

3代続く教師家系に入ったひび

そのひびが入ったのは、2000年9月頃だった。3代教師が続く家系で、低い背丈に丸々とした頬が印象的なある少年がいた。

中学校を卒業したばかりで、高校生活が始まる前に予習をしておこうと数学の教科書を開いた。中学校ではよく100点を取っていたため、息子の数学の才能に対する数学教師の親の期待も日増しに膨らんでいった。

「うちの子は教師の私が教えるから、他の先生はつけないでくれ」

数学オリンピックに出場するような最上位の生徒たちに数学を教え、浅黒い顔に険しい目つきをしたその高校教師は、自信満々の表情で息子を勉強机の前に座らせ、1学年はゆうに飛び越えた難しい数学の問題を渡した。

概念を少しだけ説明してすぐさま練習問題を解かせようとしたが、息子はその速度についていけなかった。

成績優秀な生徒しか見てこなかった自分が思い描く一流のエイジング・カーブに、はるかに及ばない息子。そのとたん、自分の息子が勉強とはまったく無縁の子どもに見えた。

息子に数学オリンピック選手としての芽がいっこうに見受けられないと見ると、その数学教師は、とうとう教科書を引きちぎり、息子を怒鳴りつけた。

荒々しく投げつけられた数学の教科書が息子の頭に当たった。

「外でおれの息子だなんて絶対に口にするな。お前には数学の才能のかけらもない！」

その瞬間、恐怖に怯えた目で父親を見た息子は初めて、父の目に映る、自分の数学の才能を疑うシグナルをまともに受けた。

けれど、その瞬間にも息子は考えた。努力は才能にも勝るはずだと。

ここで終われば良かったのだが、それから3か月間、数学教師は息子に無理やり数学を詰め込むようにして勉強させた。それがいけなかった。3か月が過ぎる頃には、少年は数学に対する自信を完全に失っていた。

そして高校に入学する日がやって来た。一流への入り口だと皆が仰ぎ見ていたその場所で、少年の成績は徐々に悲惨さを増していった。

数学の点数はどんどん下がっていき、そうなればなるほど、少年はもっと勉強しようと机に向かったが、学校ではすでに落ちこぼれのレッテルが貼られていた。シグナルの悪循環に陥っていた。

少年は、努力していた。その時間は、何にも劣らなかった。それなのにいくら努力しても、勉強に対する肯定的なシグナルは何ひとつ見えてこなかった。

3年間、1日5時間の睡眠で残りの時間をほぼ勉強にあてたが、その努力は信じられないほど何ひとつ実を結ばなかった。

　小さい頃から数学が一番得意だったはずの彼の数学の点数は、いつからか下降の一途をたどり始め、しまいには目も当てられないほど悲惨な点数となった。

　どこかで何かが狂ってしまったと直感したイェチョン出身の数学教師は、少年の妹に対しては勉強に関して一切口出ししなかった。これは教訓だった。

　すると妹は、何事もなく親の親から受け継がれてきた才能を思う存分に開花させ、数学の成績はいつも１００点で、最高の大学に難なく進学した。

　数学に一番多くの努力を注いだにもかかわらず一番数学ができなかった兄は、妹からしても奇妙な存在に見えた。

「お兄ちゃんは高校のとき一日中数学の勉強をしてたのに、なんであんなに成績が落ちていったわけ？」

死を前にして見つけたもの

　２００５年12月12日夜９時。１００キロを超える巨体に短髪の青年が、ソウルの古いアパートの屋上に向かっていた。エレベーターの最上階のボタンを押しながら、青年はもうそろそろ終わりにすべきだと思っていた。

　屋上のドアを開けると、肌を突き刺すような風が頬に吹きつけ、中へと戻るように促しているようだったが、失うものなど何もなかった。

青年の手には、意味のない人生だったと言わんばかりの10年間の成績表の束と不合格の通知が握られていた。彼を評価する科目はどれもひどい点数だった。

青年は長年、難読症に苦しみ、それでも努力してきた。教室で同じように、いやそれ以上に努力したと思っていたのに、どうして平均の中に埋もれてしまうのか？　だが、そんなことはもうどうでも良かった。

そのまま、青年は飛び降りた――いや、もし本当にそうだったとしたら、この本はそもそも存在していなかっただろう。私は本気で死ぬつもりだった。社会の作ったシステムの中で、私は敗者でしかなかった。イェチョンの畑は、私の家系の話だ。

あなたに死を前にした経験がないとしたら、よく聞いてほしい。私が死を覚悟して悟ったのは、まさに次のようなことだった。

「すべては無に帰す」

ハーバード大学の哲学科教授ロバート・ノージックは「無」を「すべての存在を何もない状態へと吸いこむ力」[*2]と定義する。

「無」へと吸いこまれる瞬間、不思議なことに私は、自分を定義していたまわりの多くのシグナルも一緒に吸いこまれて消えていくのを感じた。

ノージックの言う通りだった。他人の決めた「私」もまた、本質の前では結局のところ「無」に帰る。世間が定義する「私」は、本質ではない――それが、死から学んだ厳かな教訓だった。

すると、変化は外側から始まった。私の100キロを超える肥満体は、医学的に見て当然の結果だった。暴飲暴食の快楽にハマる私のだらしなさに、脳科学者たちは「意志の弱さと習慣の問題」というそれらしい説明をつけた。

まわりからは、いつも食べてばかりで怠けたバカな奴と思われていたし、ずっとその視線をあたりまえのように自分のこととして受け入れて生きてきた。

私が真っ先にしたのは、自分に悪影響を及ぼすシグナルを発していた人々を、自分の半径から追いやることだった。

私は今、シグナルを人々が「発していた」と表現したが、学者の中には「伝染させた」とより強く警告する者もいる。

ハーバード大学の社会学者ニコラス・クリスタキスは、「あらゆるものが1人の人間から別の人間へと伝わる」と明言している。

シグナルを断ち切った私は、4か月で体重を半分に減らすことに成功した。自分は一生このままひどい人生を歩むのだと思っていたが、私に対して同様のことを思っていた人々から離れると、状況は一変した。

それほどまでに強い力を秘めているならば、外見だけでなく、ずっと自分を蝕《むしば》んできた劣等感さえも変えられるのではないか？　社会の序列から追いやられてばかりいた私の心に渦巻くわだかまりを――。

この問いについては、私が肯定的なシグナルと新たに触れた経験を紹介したい。実にあっけなく私のもとへとやって来たそのシグナルを、私はずっと待ちわびていた。

あるとき、私は1人の音楽評論家と出会った。彼は私に名刺を差し出しながら、「あなたの文章はとても味がある」と言った。そして彼の計らいのおかげで、私の文章が本として出版されることになった。

当時の私は難読症で文章をまともに読めなかったため、キーボードで言葉を吐き出すようにして文を書かなければならなかった。それが味のある文章だって？

私の文章は多くの人に読まれる価値が十分にあると彼は言った。

そうして私に差し伸べられた彼の手が、私を完全に変えた。難読症は治療が可能だった。私を治療した医者はこんなことを言った。

「これまでずいぶんと多くの人の視線に縛られてきたようですね」

その視線を切り離すことが、難読症の治療につながるという。その通りだった。

親子3代が教育者の家系で私に寄せられた期待は、私が一流になれないとわかるや、あっけなく消え、「こいつはバカだ」というシグナルに取って代わられた。

そのシグナルを浴びるたびに少しずつ揺らいでいった文字たちは、だんだんとその揺らぎがひどくなっていった。難読症は執拗に私を苦しめた。

けれど、すべてが終わったと思った瞬間、小さく肯定的なシグナルがやって来た。凄《すさ》まじい力だった。あんなにも苦しかった難読症はなくなった。

文章を書く仕事ができるようになり、半分の点数も取れなかった国語の試験で満点を取ることができた。数学もまた1年間勉強し直して上位の成績を収めることができた。

もちろん、音楽評論家が心の底から私を褒めてくれたのかはわからない。

しかし確かなのは、彼が私を社会のシステムの中へと引き戻してくれたという事実だった。自分は特別だと感じさせてくれた、その些細なひと言で——。そのひと言が、まだ青年だった私の頭の中に入り、それまで感じたことのない力となった。

それは私が受けた最高のシグナルだった。

さらに、自殺しようと訪れた、あのときのあの空間が映画化され、芸術映画祭で注目を浴びた。恥ずかしながらその映画で私は、自殺しようとする私を引き留める役を任された。今となっては、このシグナルの力を理解できる。

私は、自分を変えたこのシグナルの力をこの10年間追い続け、深く研究してきた。

そして私たちがこれまで出合った数多くの世界的な学者たちの研究と、様々な分野における話に込められた教訓とともに、自ら実験を試みた、ある小さなグループでの変化を紹介しようと思う。

その小さなグループの主人公は、あどけなさの残る中学生と高校生たちだ。私は3年間この生徒たちを教えたことがある。

当然ながら、私のもとには成績が上位の生徒は来なかった。勉強については親に見放された生徒たち、そして本当に勉強をやめてしまった生徒たちが、私の担当だった。

授業が嫌で居留守を使って扉を開けてくれないくらいに頑なだった生徒たちに、私は英語の教科書を扉の隙間から押し込み続けていた。

ある日、ある生徒の家にベースギターが新しく置かれていることに気づいた。

「ベースギターなんてどうしたんだい？」

「音楽がやりたくて」

「この前はバスケがやりたいって言ってなかったっけ？」

「自分でもよくわかんないよ」

その瞬間、私は英語の教科書を扉の隙間から入れても無駄だということに気がついた。落ちこぼれのレッテルを貼られた生徒たちに往々にして見られる不安感が、彼らの表情にもあらわれていた。

勉強を避けようとするのは、自分に対する肯定的なシグナルをそこから読み取れないからだ。

「教科書なんか読んだって無駄だよ。勉強なんてしない」

その子の言葉を聞いたあと、私は静かにベースギターを持って来て、少しの間演奏してみせた。そしてキーボードをつなげてさらに演奏し、その子を驚かせると、音楽評論家が私のもとにやって来たときのように、黙ってその子を見つめた。

私は英語の教科書を脇にどけて、洋楽を1曲聞かせた。それから数日が過ぎて、私が発見したのは、その子が意外に英語ができるということだった。記憶力も良く、英語のラップを覚えると、すぐに歌えるようになった。

それが上級レベルの英文だということをわかっているのだろうか？


「君は本当に記憶力がすごいな」


そのとき私は、学校では問題児だといわれていたその子の瞳に輝くものを見た。それは肯定的なシグナルを受けたときや、自分が特別だということを知ったときに、教室の前方に座っている生徒たちが見せる、まさにそれだった。

それからその子がどれほど驚くべき変化を遂げたかは説明するまでもない。

洋楽の歌詞に始まり、薄い英語の本を覚えてしまうまでに記憶力を発揮した。私はその子に「君は特別だ」というローゼンタールのシグナルを送り続け、30点だった成績が50点も上がって80点を取るという奇跡が起こった。

「先生、おれ、そろそろ教科書での勉強もできるような気がしてきたよ」

その子は今なら教科書が自分のシグナルになるというのだった。それからその子は、自分と同じような子たちを授業時間に連れて来始めた。

「あらゆるものが1人の人間から別の人間へと伝わる」。まさしくそうだった。子どもたちは互いに特別なものを伝え始めた。それは「可能性」だ。

狭い部屋の中で、私のシグナルを受けた生徒たちが、問題児から夢を抱いた子へと変わっていく姿を見守りながら、私は軽い感動を覚えた。

一科目でも最高のシグナルを生み出してやると、その子のすべての科目の成績が上昇し始めた。そうして彼が大学受験を控えた年、最後に連絡をもらったときの彼の声は今でもはっきりと覚えている。

「先生、合格したよ」

私が想像もしなかった最高の大学に彼は入ることができた。興味深いのは、その子が連れて来た子たちも、名のある大学に進学できたという事実だ。この子たちに出会った当初は、正直大した期待はしていなかった。

しかし小さな光を照らすと、彼らはその光を追っていくことができた。もしかしたら私がずっと待ちわびていたシグナルと同じくらい、彼らもまた切なる思いを抱いていたのかもしれない。

教室の後ろで教科書も開かない問題児としてそのままずっと扱われていたら、その子はベースギターの次に拳を握っていたかもしれない。それがシグナルの力だ。しかしそれを断ち切れば、逆に私たちの力となるだろう。

私たちを取り囲むシグナルがどれほど強力なのか、そしてそれに立ち向かう私たちがどれほど強くなれるのかをこの本を通じて話してきた。

ではここで自分自身を一度振り返ってみよう。

今あなたが携わっている分野で、あなたはどんなシグナルを受けているだろうか？ あなたの限界を決めてしまうシグナルを断ち切り、本質を深く理解する学びを通じて、あなたはどれほど驚くべき変化を遂げられるだろうか？

この問いの答えはすでに確かめてきた。今のあなたなら、本質を見極め、自分なりの答えに出合えるはずだ。

謝辞

この本を届けたかったが、もうその思いが叶わないほど遠くに旅立ってしまったハン・ギョンスクに一番に感謝を伝えたい。

代々教師の家系で最後の教師だったあなたが、価値を認めて全面的に後押ししてくれたことは、私にとって何にも代えがたい大きな力となった。あなたがいなければ、この本も生まれなかっただろう。音楽評論家の計らいで初めての本が出版されたとき、そこにいたあなたは私の可能性を見て、10年間ずっと、惜しみないサポートをしてくれた。「ジュヨン、人と違ったっていい。あなたの文章にはそれだけの力がある」。

今の私があるのは、あなたのこのひと言のおかげだと、この場を借りて伝えたい。あなたはもうこの世にはいないけれど、あなたが照らしてくれた光は今も消えずに残っている。

そしてこの本を書き上げるのに、本当に多くの時間を費やし、多くの人々が手助けしてくれた。この本を書くきっかけとなったのは、クロード・スティールの「Stereotype Threat and the Intellectual Test Performance of African Americans（１９９５）」（ステレオタイプ脅威とアフリカ系アメリカ人の知能テストにおける成績）という題の論文だった。

黒人でありながら、黒人の知能に対する誤った社会的なシグナルに対して一石を投じたスティールを見て、私はすべての成果や成功を個人の努力だけで説明しようとするアジア文化の小さな亀裂に気がついた。

一度疑いを抱き始めると、多くのことが変わって見えてくる。本の中では海外の様々な分野の理論や事例が語られているが、何よりも私は国内の多くの誤った社会的なシグナルを目の当たりにしてきた。それに対する問題意識に少しずつ普遍性を見出しながら、海外の多くの人物の物語に触れるようになった。

たとえばカラヤンの物語を紹介するにあたり、私は音楽についての理解を深めるため、論峴洞《ノニョンドン》の音楽スタジオに数年間通った。そして夜通し必死で音楽に取り組みながら数か月を過ごし、新しい曲が完成したとき、その意義を教えてくれた、ソウル湖西《ホソ》芸術実用専門学校のイ・グヌ実用音楽学科教授に感謝の言葉を伝えたい。3分の短い曲にもあれほど多くの努力と、その努力以上のものを要するという事実を直接隣で見ていなかったら、カラヤンの話を繙《ひもと》くことはできなかったかもしれない。

そして、学びにおいて個人の枠に留まらない志を持つことについては、慶尚北道にある低所得層地域の児童センターで、子どもたちの人生や考え方がシグナルによって変わっていく様子を長期にわたって観察できたことで、より深く掘り下げることができた。どんなときでも辛抱強く子どもたちに肯定的なシグナルを伝えていたシン・ヒョンジャ真《チャム》教育保護者会支部長にも感謝したい。そのシグナルによって徐々に人生が好転していった1人の子を2年間そっと見守らせてもらった。

さらに、社会現象を従来の社会的な視点とは異なった角度で見る方法を教えてくれた、カルチュラル・ブランディング企業の（株）ブランドウェイ代表ファン・インソン氏、原稿を一緒に検討してくれたイム・ジュハエディター、イ・サミョン代表、ＣＥＯの思考法に触れられるよう多くのインサイトを与えてくれた企業政策研究の専門家チョン・ヨンウン氏、考えをシンプルに表現する方法を教えてくれたＫＢＳのチョン・ソジン放送作家、新たな視点で考えられるように知的な刺激と様々な分野の人々とつなげてくれたパク・ジュヨン仁川《インチョン》大学教授、韓国の古典にまったく関心のなかった私に世宗《セジョン》大王の偉大な業績を教えてくれ、古典に対する新たなインスピレーションを与えてくれた文化芸術鑑賞団体「與民《ヨミン》」のキム・ヨンオク代表、世宗の語り部のオ・チェウォン慶熙《キョンヒ》大学教授、技術の新しい融合地点を私に数年間教えてくれたチョン・ドゥヒ韓東《ハンドン》大学教授、そして何よりも、息子が大企業ではなくみすぼらしい作家の道を歩む姿にも全面的に後押ししてくれた、私の一番大切な母、ハン・ギョンエに感謝の言葉を送りたい。作家などやめて現実的な暮らしをするようにと苦言を呈していた母方の祖母キム・ヨンヒャンと祖父ハン・マノにも感謝を伝えたい。私を愛し、この道に進む私を心配しての言葉だったことは、重々承知している。

この本の最初の読者であり、このたびソウル大学を卒業したペ・ユンス君にもありがとうと伝えたい。原稿が１枚１枚書き上がるたびに様々な観点から読者としてのフィードバックをくれ、海外の様々な生きた事例を探したり、新しいアイディアを考えたりするのに、大きな手助けとなった。

この他にも紙面に書ききれないほど、人生において多くの影響を与えてくれた、数々の分野の多くの方々にも感謝を伝えたい。私に教えてくれたことの痕跡が本の中の1文1文に見て取れるだろう。そんなときには、優しく微笑《ほほえ》んでくれたら作家としてありがたく思う。私はジャック・ホーナーのように、緊張した面持ちであなたの前に立っていることだろう。

原稿を書き上げるのに、実に10年の時間がかかった。２００９年に軽い気持ちでテーマを考えて出版社と契約を交わし、さらりと書いた文をすべて没にして、このテーマと向き合うため駆けずり回りながら多くの時間を費やした。

一人前の作家になりたくてその間にも2冊の本を出版し、20万人の読者に出会うことができたが、簡単に読める本というのは、悲しいかな、忘れられるのも簡単だということを学んだ。なぜ今も自分は作家を続けているのかと悩んでいた頃に、その悩みの中でひっそりと完成したこの原稿の力を真っ先に評価してくれたハンギョンドットコムのコ・グァンチョル代表理事と編集者のファン・ヘジョン氏に感謝を送りたい。

訳者あとがき

本書は、多様な心理学の研究をもとにしながら、平均の中に埋もれている平凡な自分が輝くためにはどうするべきか、その心の持ち方《マインドセット》を教えてくれる本である。

原書は『ハーバード上位1パーセントの秘密』という題がつけられているが、「ハーバード」や「スタンフォード」などの一流大学の名を冠する書籍といえば、たいてい英語からの翻訳書であることが多い韓国で、韓国生まれの韓国人作家が書いた原書は、2018年の出版当初はさほど注目されなかった。

しかし、1年ほど過ぎた2019年末頃からSNSでの口コミを通じてその評判が広まり、2020年の春にはインターネット書店を中心にベストセラー1位を記録している。

著者のチョン・ジュヨン氏は、先に述べたように、韓国生まれ、韓国育ちの韓国人である。熾烈な学歴社会の中で難読症に苦しみながら、いっこうに報われぬ努力に悩み続け、その学歴はハーバードはおろか韓国でも決して華々《はなばな》しいわけではない。

それでも約10年間苦しんできた難読症を乗り越え、ついにはベストセラー作家となって活躍している。

著者をベストセラー作家に押し上げたのは、100キロを超す体重を4か月で半分まで減量した、自身のダイエット成功体験をまとめた著書『毒出し「黒豆」ダイエット ラク

に50kg減、ニキビや宿便も一掃！』（ソフトバンククリエイティブ）（原題『3개월에 12kg 빼주는 살잡이 까망콩』）だった。

もちろんハーバードとは何ら関係のないテーマだが、著者がこのダイエットを成功させるに至った根本的な力こそ、本書のキーワードともなる「断ち切りの力」だ。

私たちは日々の生活の中で、公私を問わず、常に「シグナル」にさらされている。それは他人からの評価であり、視線であり、固定観念《ステレオタイプ》といったもののことだ。もちろん肯定的なこともあれば、否定的なこともある。

あなたがもし「自分には能力がない」と卑下しているのなら、すでにあなたは否定的なシグナルにとらわれている。もし「自分は平凡だ」と思っているのなら、そのシグナルを断ち切らない限り、いくら努力を重ねても「平凡」からは抜け出せない。

あなたを取り巻く環境のシグナルを自分のこととして受け止めた瞬間、あなたは知らぬ間にそのシグナルによって、いとも簡単に影響を受けていることを様々な心理学者の研究を通じて著者は教えてくれている。

あなたはどんなシグナルの中にいるだろうか。それが肯定的なものなら、大切に守り育み続け、否定的なものなら、今すぐに断ち切らなければならない。シグナルの力が思った以上に大きいだけに、それを断ち切ったときの影響力もまた予想以上だ。

この「断ち切りの力」の他にも、著者は10年間問い続け、考え続け、多くの調査を経て「一点集中に宿る力」や「深い理解の力」の大切さを教えてくれる。

本書では個性豊かで魅力的な多くの人物に出会えるが、個人的にはカラヤンの語った「小屋のバッファロー」の話が印象に残っている。私の「バッファロー」はきっとこの「翻訳」だろう。あなたの「バッファロー」は何だろうか。本書を通じて、日本の読者にも著者の想いが届き、それぞれの光を照らす一助となれば幸いだ。

最後に、本書を訳す機会を与えてくださり、お力添えをいただいた文響社の編集担当の関美菜子さん、そして翻訳書籍編集部の皆さんに心より御礼申し上げたい。

2021年8月

鈴木沙織

参考文献

プロローグ

1. 『Madonna: Express Yourself』, Carol Gnojewski, Enslow Pub Inc., 67ページ
2. https://www.billboard.com/articles/news/6296887/madonna-1984-mtv-vmas-performance
3. https://www.yahoo.com/entertainment/blogs/stop-the-presses/madonna-1984-vmas-wedding-dress-wed-her-pop-073524862.html
4. https://www.madonnatribe.com/interviews/madonnatribe-meets-ed-steinberg/
5. https://www.billboard.com/articles/news/6296887/madonna-1984-mtv-vmas-performance
6. 『Madonna Sexual Life: 울지마, 울지마, 울지마〔泣くな、泣くな、泣くな〕』, アンドリュー・モートン, 나무와숲〔ナムワスプ〕, 216ページ
7. https://www.madonnatribe.com/madonnatribe/like-a-virgin/
8. https://www.songwriteruniverse.com/virgin.htm
9. 同上
10. https://www.madonnatribe.com/madonnatribe/like-a-virgin/
11. 同上
12. https://www.madonnatribe.com/decade/2003/nile-rodgers-on-like-a-virgin/
13. 『The Complete Guide to the Music of Madonna』, Rikky Rooksby, Omnibus Press, 17ページ
14. 『Madonna Sexual Life: 울지마, 울지마, 울지마〔泣くな、泣くな、泣くな〕』, アンドリュー・モートン, 나무와숲〔ナムワスプ〕, 217ページ

1章

1. 『클로저〔クローザー〕』, マリアノ・リベラ, 브레인스토어〔ブレインストア〕〔邦訳『クローザー　マリアノ・リベラ自伝』金原瑞人・樋渡正人訳、作品社、2015年〕
2. 同上
3. 同上
4. 同上
5. https://www.baseballprospectus.com/article.php?articleid=9933
6. https://www.businessinsider.com/best-age-for-everything-2017-3/ & https://www.statisticbrain.com/ceo-statistics/
7. https://www.wired.com/2011/07/athletes-peak-age/
8. 『신호와 소음〔シグナルとノイズ〕』, ネイト・シルバー, 더퀘스트〔ザ・クエスト〕, 149～150ページ〔邦訳『シグナル & ノイズ　天才データアナリストの「予測学」』川添節子訳、日経BP社、2013年〕

9. 『글자로만 생각하는 사람 이미지로 창조하는 사람〔文字だけで考える人、イメージで創造する人〕』, トーマス・ウェスト, 지식갤러리〔チシクギャラリー〕, 81ページ
10. https://www.bostonmagazine.com/2009/03/dustin-pedroia/
11. 『신호와 소음〔シグナルとノイズ〕』, ネイト・シルバー, 더퀘스트〔ザ・クエスト〕〔邦訳『シグナル & ノイズ　天才データアナリストの「予測学」』川添節子訳、日経BP社、2013年〕
12. https://archive.boston.com/sports/baseball/redsox/articles/2006/02/28/different_views_from_the_top/
13. https://www.nbcsports.com/boston/boston-red-sox/pedroia-were-not-going-listen-your-guyss-crap
14. 『타격의 과학〔打撃の科学〕』, テッド・ウィリアムズ, 이상미디어〔イサンメディア〕, 39ページ
15. 『신호와 소음〔シグナルとノイズ〕』, ネイト・シルバー, 더퀘스트〔ザ・クエスト〕〔邦訳『シグナル & ノイズ　天才データアナリストの「予測学」』川添節子訳、日経BP社、2013年〕
16. https://www.espn.com/mlb/story?id=3741730
17. 『신호와 소음〔シグナルとノイズ〕』, ネイト・シルバー, 더퀘스트〔ザ・クエスト〕〔邦訳『シグナル & ノイズ　天才データアナリストの「予測学」』川添節子訳、日経BP社、2013年〕

2章 --

1. 『Kissinger: 1923 – 1968: The Idealist』, Niall Ferguson, Penguin Group USA
2. 『Kissinger: A Biography』, Walter Isaacson, Blackstone Audio Inc.
3. 同上, 27ページ
4. 『Kissinger: 1923 – 1968: The Idealist』, Niall Ferguson, Penguin Group USA
5. 同上
6. 『Ending the Vietnam War』, Henry Kissinger, SS, 23～24ページ
7. 『Kissinger: A Biography』, Walter Isaacson, Blackstone Audio Inc., 41ページ
8. 『Henry Kissinger and the American Century』, Jeremi Suri, Belknap Press
9. 『Kissinger: A Biography』, Walter Isaacson, Blackstone Audio Inc., 29ページ & 『Henry Kissinger: Perceptions of International Politics』, Harvey Starr, University Press of Kentucky
10. 『Kissinger: A Biography』, Walter Isaacson, Blackstone Audio Inc., 24ページ & 『Henry Kissinger: Perceptions of International Politics』, Harvey Starr, University Press of Kentucky & https://news.harvard.edu/gazette/story/2012/04/kissinger-looks-back/
11. 『Henry Kissinger: Perceptions of International Politics』, Harvey Starr, University Press of Kentucky, 19ページ
12. “Commitment and Practice: Key Ingredients for Achievement during the Early Stages of Learning a Musical Instrument”, Gary E. McPherson, <Bulletin of the Council for

Research in Music Education>, 147, 123～124ページ

13. “Stereotype Performance Boosts: The Impact of Self-Relevance and the Manner of Stereotype Activation”, Margaret Shih, Nalini Ambady, Jennifer A. Richeson, Kentaro Fujita, Heather M. Gray, <Journal of Personality and Social Psychology>, 83(3), 642ページ
14. 同上, 同ページ
15. ウォートンスクールのジョナ・バーガー教授は、数年前にハーバード大学の在校生たちに興味深い質問をした。「年収が5万ドルの職業(A)と年収が10万ドルの職業(B)のどちらかを選ぶとしたら、どちらを選びますか?」もちろん皆、Bを選ぶだろう。そう思わないだろうか? しかし質問はここで終わりではない。Aは、まわりが皆2万5000ドルをもらっている中で、自分だけがその倍の5万ドルの年収であるという条件で、対するBは、まわりが皆20万ドルをもらっている中で、自分だけがその半分の10万ドルの年収であるという条件だった。ジョナ・バーガーの発見は興味深い。驚いたことに大多数のハーバード生は、Aを選んだ。ジョナ・バーガーは次のように結論づける。「ハーバード生は、他人よりも優位に立つことを重視した。そのため、実質的には得るものが少ないとわかっていても、相対的に優越感を得られる方を選んだ」そしてグレイの研究結果を見れば、ハーバード生は賢明な選択をしたと言えるのではないだろうか?
16. “Stereotype Threat and the Intellectual Test Performance of African Americans”, Claude M. Steele and Joshua Aronson, <Journal of Personality and Social Psychology>, 69(5), 807ページ
17. “Reducing the Effects of Stereotype Threat on African American College Students by Shaping Theories of Intelligence”, Joshua Aronson, Catherine Good, <Journal of Experimental Social Psychology>, Carrie B. Fried 38(2), 119ページ
18. 同上, 115ページ
19. “When Distrust Frees Your Mind: The Stereotype Reducing Effects of Distrust”, Ann-Christin Posten and Thomas Mussweiler, <Journal of Personality and Social Psychology>, 105(4), 567ページ
20. 同上, 579ページ
21. 同上, 580ページ
22. https://www-history.mcs.st-and.ac.uk/Biographies/Conway.html
23. https://www.theguardian.com/science/2015/jul/23/john-horton-conway-the-most-charismatic-mathematician-in-the-world
24. 同上
25. https://www-history.mcs.st-and.ac.uk/Biographies/Conway.html
26. 『몬스터 대칭군을 찾아서〔モンスター対称群を求めて〕』, マーク・ロナン, 살림MATH〔サルリムMATH〕〔邦訳『シンメトリーとモンスター　数学の美を求めて』宮本雅彦・宮本恭子訳、岩波書店、2008年〕

27. https://www-history.mcs.st-and.ac.uk/Biographies/Conway.html
28. https://www.theguardian.com/science/2015/jul/23/john-horton-conway-the-most-charismatic-mathematician-in-the-world
29. 同上
30. 同上
31. 『On Giants' Shoulders: Great Scientists and Their Discoveries From Archimedes to DNS』, Melvyn Bragg, Ruth Gardiner, John Wiley & Sons
32. 『The Four Virtues: Presence, Heart, Wisdom, Creation』, Tobin Hart Ph.D, Beyond Words Publishing, 62ページ
33. 『On Giants' Shoulders: Great Scientists and Their Discoveries From Archimedes to DNS』, Melvyn Bragg, Ruth Gardiner, John Wiley & Sons
34. 『Leaders Ought to Know』, Phillip Van Hooser, Wiley

3章 --

1. 『천재의 탄생〔天才の誕生〕』, アンドリュー・ロビンソン, 학고재〔ハクコジェ〕, 122～123ページ
2. 『Islands of Genius』, Darold A. Treffert, Jessica Kingsley Publishers, 252～253ページ
3. 『The World of Mathematics (Vol. 1)』, James Roy, Newman, Dover Publications, 465ページ
4. 『The Development of Arithmetic Concepts and Skills』, J. Baroody, Ann Dowker, Routledge, 410ページ
5. 『Shadows Bright as Glass』, Amy Ellis Nutt, Free Press
6. 『Cognitive Style and Perceptual Difference in Browning's Poetry』, Suzanne Bailey, Routledge
7. "What Aspects of Autism Predispose to Talent?", Francesca Happé and Pedro Vital, <Philosophical Transactions of the Royal Society of London, Series B, Biological Sciences>, 364(1522)
8. https://blog.stageslearning.com/blog/the-positive-side-of-autism
9. https://www.theguardian.com/lifeandstyle/2012/feb/26/computer-geeks-autism
10. https://www.newnetherlandinstitute.org/history-and-heritage/dutch_americans/robert-t-bakker/
11. http://www.infinite-energy.com/iemagazine/issue29/sinsofthefathers.html
12. https://www.famousscientists.org/jack-horner/
13. http://mtprof.msun.edu/Spr2004/horner.html
14. https://www.livescience.com/54821-genius-gala-2016.html
15. 『글자로만 생각하는 사람 이미지로 창조하는 사람〔文字だけで考える人、イメージで創

造する人〕』, トーマス・ウェスト, 지식갤러리〔チシクギャラリー〕, 455ページ
16. https://www.montana.edu/news/mountainsandminds/16135/jack-horner-evolving & https://dyslexia.yale.edu/horner.html
17. https://dinosaur-world.com/tyrannosaurs/tyrannosaur-hunter-v-scavenger.htm
18. "Body Mass, Bone "Strength Indicator,"and Cursorial Potencial of Tyrannosaurus rex", James O. Farlow, Matt B. Smith, John M. Robinson, <Journal of Vertebrate Paleontology>, 15(4), 713〜725ページ
19. https://jurassicpark.fandom.com/wiki/Robert_Bakker
20. https://archive.fortune.com/magazines/fortune/fortune_archive/2002/05/13/322876/index.htm
21. 同上
22. https://www.loudountimes.com/letters/article/community_view_intolerance_our_moral_disability/
23. https://dyslexia.com.au/dyslexic-billionaires/
24. 『약점이 힘이 될 때〔弱みが力になるとき〕』, シャルル・ガルドー, 다른세상〔タルンセサン〕
25. https://www.entrepreneur.com/article/237669
26. 『Cézanne』, Ambroise Vollard, Dover Publications, 18ページ
27. 『The Letters of Paul Cézanne』, Alex Danchev, J. Paul Getty Museum, 140ページ
28. 『Paul Cezanne』, Gerstle Mack, Octagon Books, 180ページ
29. 『The Spiritual in Twentieth-Century Art』, Roger Lipsey, Dover Publications, 30ページ
30. 『Delphi Complete Paintings of Paul Cézanne (Illustrated)』, Paul Cezanne, Delphi Classics
31. 『Nadia Revisited』, Lorna Selfe, Psychology Press
32. 同上
33. 同上
34. 同上
35. "The Savant Syndrome: An Extraordinary Condition. A Synopsis: Past, Present, Future", Darold A.Treffert, <Philosophical Transactions of the Royal Society of London, Series B, Biological Sciences>, 364(1522), 1354ページ
36. https://www.theguardian.com/artanddesign/2015/dec/09/nadiachomyn
37. 『Nadia Revisited』, Lorna Selfe, Psychology Press

4章

1. 『영머니〔ヤング・マネー〕』, ケヴィン・ルース, 부키〔ブキ〕, 219〜220ページ
2. 同上, 224ページ

3. 『영머니〔ヤング・マネー〕』, ケヴィン・ルース, 부키〔ブキ〕, 222～223ページ
4. 同上, 225ページ
5. 同上, 228ページ
6. 同上, 38ページ
7. “Career Funneling: How Elite Students Learn to Define and Desire ‘Prestigious’ Jobs”, Amy Binder, Daniel Davis, Nick Bloom, <Sociology of education>, 89(1)
8. 同上
9. 同上
10. 『공부의 배신〔勉強の裏切り〕』, ウィリアム・デレズウィッツ, 다른〔タルン〕, 25ページ〔邦訳『優秀なる羊たち 米国エリート教育の失敗に学ぶ』米山裕子訳、三省堂、2016年〕
11. 『영머니〔ヤング・マネー〕』, ケヴィン・ルース, 부키〔ブキ〕, 137ページ
12. 『공부의 배신〔勉強の裏切り〕』, ウィリアム・デレズウィッツ, 다른〔タルン〕, 41ページ〔邦訳『優秀なる羊たち 米国エリート教育の失敗に学ぶ』米山裕子訳、三省堂、2016年〕
13. 同上
14. 『영머니〔ヤング・マネー〕』, ケヴィン・ルース, 부키〔ブキ〕, 141ページ
15. 同上, 240ページ
16. “When High-Powered People Fail: Working Memory and ‘Choking under Pressure’ in Math”, Sian L. Beilock, Thomas H. Carr, <Psychological Stience>, 16(2), 104ページ
17. 『내가 골드만 삭스를 떠난 이유〔私がゴールドマンを去った理由〕』, グレッグ・スミス, 문학동네〔ムナクドンネ〕, 43ページ〔邦訳『訣別 ゴールドマン・サックス』徳川家広訳、講談社、2012年〕
18. 『영머니〔ヤング・マネー〕』, ケヴィン・ルース, 부키〔ブキ〕, 244ページ
19. https://afrodita.rcub.bg.ac.rs/~flora/100.html
20. https://www.mathunion.org/imu-awards/fields-medal
21. “Stereotype Threat and Women’s Math Performance”, Steven J. Spencer, Claude M. Steele, Diane M. Quinn, <Journal of Experimental Social Psychology>, 35(1), 14ページ
22. 同上, 13ページ
23. 同上, 4ページ
24. “When White Men Can’t Do Math: Necessary and Sufficient Factors in Stereotype Threat”, Joshua Aronson, Michael M. Lustina, Catherine Good, Kelli Keough, Claude M. Steele, Joseph Brown, <Journal of Experimental Social Psychology>, 35(1), 29ページ
25. “Praise and Stigma: Teachers’ Constructions of the ‘Typical ESL Student’”, Greta Vollmer, <Journal of Intercultural Studies>, 21(1), 56ページ
26. 同上, 57ページ
27. 同上, 58ページ
28. 同上, 59ページ

29. 同上, 56〜57ページ
30. "Distracted by the Unthought – Suppression and Reappraisal of Mind Wandering under Stereotype Threat", Carolin Schuster, Sarah E. Martiny, Toni Schmader, <PLOS ONE>, 10(3), 3ページ
31. "Converging Evidence That Stereotype Threat Reduces Working Memory Capacity", Toni Schmader, Michael Johns, <Journal of Personality and Social Psychology>, 85(3), 441ページ
32. 『영머니〔ヤング・マネー〕』, ケヴィン・ルース, 부키〔ブキ〕, 246ページ(後半のボクシングの話は238〜239ページ, 245〜246ページの内容を再構成)

5章

1. 『카라얀과의 대화〔カラヤンとの対話〕』, リチャード・オズボーン, 음악세계〔ウマクセゲ〕, 27〜28ページ〔邦訳『カラヤンの遺言』高橋伯夫訳、JICC出版局、1991年〕
2. 同上, 同ページ
3. 同上, 同ページ
4. 『카라얀 평전 1〔カラヤン評伝1〕』, リチャード・オズボーン, 심산〔シムサン〕, 40ページ
5. 同上, 33ページ
6. 『카라얀 평전 1〔カラヤン評伝1〕』, リチャード・オズボーン, 심산〔シムサン〕, 20ページ
7. 同上, 75ページ
8. 同上, 同ページ
9. 同上, 同ページ
10. 『카라얀과의 대화〔カラヤンとの対話〕』, リチャード・オズボーン, 음악세계〔ウマクセゲ〕, 30ページ〔邦訳『カラヤンの遺言』高橋伯夫訳、JICC出版局、1991年〕
11. 同上, 148〜149ページ
12. 『카라얀 평전 1〔カラヤン評伝1〕』, リチャード・オズボーン, 심산〔シムサン〕, 100ページ
13. 同上, 同ページ
14. 同上, 97ページ
15. 同上, 86ページ
16. 『카라얀 평전 1〔カラヤン評伝1〕』, リチャード・オズボーン, 심산〔シムサン〕, 382ページ
17. https://www.nytimes.com/1989/07/17/obituaries/herbert-von-karajan-is-dead-musical-perfectionist-was-81.html?pagewanted=all
18. 『카라얀 평전 1〔カラヤン評伝1〕』, リチャード・オズボーン, 심산〔シムサン〕, 523ページ
19. 『카라얀과의 대화〔カラヤンとの対話〕』, リチャード・オズボーン, 음악세계〔ウマクセゲ〕, 84ページ〔邦訳『カラヤンの遺言』高橋伯夫訳、JICC出版局、1991年〕
20. 同上, 85ページ
21. 同上, 85〜86ページ

22. 同上, 85ページ
23. 『푸르트벵글러〔フルトヴェングラー〕』, ヘルベルト・ハフナー, 마티〔マティ〕, 290ページ〔邦訳『巨匠フルトヴェングラーの生涯』最上英明訳、アルファベータ、2010年〕
24. モーツァルトと彼の同僚がハイドンの曲を鑑賞していたある日の逸話を見てみよう。音楽がちょうど盛り上がりを見せるとき、その同僚が批判するような口調でモーツァルトに言った。「僕だったらあんなふうにはしないね」するとモーツァルトは「ああ、僕もあんなふうにはしないだろうね。でも君はそれがどうしてかわかるかい？　僕らみたいな人間はいくら努力してもあんなふうに奇抜な発想はできないからさ」と答えた。世界中の人の記憶に残っているモーツァルトでさえ自分の才能がそれほど偉大になるとは想像もしていなかったのだ。
25. "Absolute Memory for Musical Pitch: Evidence from the Production of Learned Melodies", Daniel J. Levitin, <Perception and Psychophysics>, 56(4)
26. "Memory for Musical Tempo: Additional Evidence That Auditory Memory is Absolute", Daniel J. Levitin, Perry R. Cook, <Perception and Psychophysics>, 58(6)
27. "Absolute Memory for Musical Pitch: Evidence from the Production of Learned Melodies", Daniel J. Levitin, <Perception and Psychophysics>, 56(4), 421ページ
28. "Memory for Musical Tempo: Additional Evidence That Auditory Memory is Absolute", Daniel J. Levitin, Perry R. Cook, <Perception and Psychophysics>, 58(6), 927ページ
29. "I Have a Voice but I Just Can't Sing: A Narrative Investigation of Singing and Social Anxiety", Carlos R. Abril, <Music Education Research>, 9(1), 7ページ
30. 同上, 8ページ
31. 同上, 同ページ
32. 同上, 9ページ
33. 同上, 11ページ
34. 同上, 同ページ
35. 『The Toscanini Mystique: The Genius Behind the Music』, Kenneth A. Christensen, Xlibris
36. https://www.encyclopedia.com/women/encyclopedias-almanacs-transcripts-and-maps/caduff-sylvia-1937
37. 同上
38. 『Leadership in the Crucible of Work: Discovering the Interior Life of an Authentic Leader』, Dr. Sandy Shugart, Florida Hospital Publishing
39. https://www.encyclopedia.com/women/encyclopedias-almanacs-transcripts-and-maps/caduff-sylvia-1937
40. 同上
41. 同上

6章

1. https://www.econlib.org/library/Malthus/malPlong30.html
2. 当時、イギリス国教会に属していたアンドリュー・ベル博士が提唱した教育案を読んでみてほしい。「貧民の子どもを金のかかる方法や空想(ユートピア)的な計画で教育してはならない。そのようなことをしようとすれば、一般知識の普及のために、一般的な福祉の要である社会秩序や階級区分をじきに混乱させることになる。無差別的な教育により、毎日の労働を運命づけられている者たちが身分の上昇に目覚め、現実に不満を抱いたり、自分の運命を不幸だと感じたりする恐れがある」
3. 『맬서스, 산업혁명 그리고 이해할 수 없는 신세계〔マルサス、産業革命そして不可解な新世界〕』, グレゴリー・クラーク, 한스미디어〔ハンスメディア〕, 352ページ〔邦訳『10万年の世界経済史』下、久保恵美子訳、日経BP社、2009年〕
4. 『근대의 탄생 2〔近代の誕生2〕』, ポール・ジョンソン, 살림출판사〔サルリム出版社〕, 17ページ〔邦訳『近代の誕生』Ⅰ、別宮貞徳訳、共同通信社、1995年〕
5. 同上, 38ページ
6. https://www.asce.org/templates/person-bio-detail.aspx?id=11194
7. 『The Ends of the Earth: Perspectives on Modern Environmental History』, Donald Worster, Alfred W. Crosby, Cambridge University Press
8. 『근대의 탄생 1〔近代の誕生1〕』, ポール・ジョンソン, 살림출판사〔サルリム出版社〕, 316ページ〔邦訳『近代の誕生』Ⅰ、別宮貞徳訳、共同通信社、1995年〕
9. 同上, 317ページ
10. https://www.independent.co.uk/news/world/europe/liberte-inegalite-fraternite-is-french-elitism-holding-the-country-back-8621650.html
11. https://www.france24.com/en/20130521-france24-interview-french-education-elite-schools
12. 『맬서스, 산업혁명 그리고 이해할 수 없는 신세계〔マルサス、産業革命そして不可解な新世界〕』, グレゴリー・クラーク, 한스미디어〔ハンスメディア〕, 342ページ〔邦訳『10万年の世界経済史』下、久保恵美子、日経BP社、2009年〕
13. https://www.ted.com/talks/ken_robinson_says_schools_kill_creativity
14. 『공부의 배신〔勉強の裏切り〕』, ウィリアム・デレズウィッツ, 다른〔タルン〕, 60ページ〔邦訳『優秀なる羊たち 米国エリート教育の失敗に学ぶ』米山裕子訳、三省堂、2016年〕
15. 同上, 62ページ
16. 『인간은 어떻게 배우는가〔人間はどのように学ぶのか〕』, ハワード・ガードナー, 사회평론〔サフェピョンノン〕, 182ページ
17. 同上, 同ページ
18. 同上, 183ページ
19. 同上, 同ページ

20. 『인간은 어떻게 배우는가〔人間はどのように学ぶのか〕』, ハワード・ガードナー, 사회평론〔サフェピョンノン〕, 183ページ
21. 同上, 184ページ
22. 同上, 190ページ
23. 同上, 286ページ
24. https://erenow.net/ancient/gods-graves-and-scholars-the-story-of-archaeology/19.php
25. 『The Tigris and Euphrates Rivers』, Melissa Whitcraft, Franklin Watts, 65ページ
26. グローテフェントの推理をもう少し深く理解したい方は、http://www.aina.org/books/ahba/ahba1.htmを参照のこと。

7章 --

1. 『The Discoveries: Great Breakthroughs in 20th-Century Science, Including the Original Papers』, Alan Lightman, Vintage; Reprint edition
2. 同上
3. 『How We Learn: Throw Out the Rule Book and Unlock Your Brain's Potential』, Benedict Carey, Macmillan
4. "Maintenance of Foreign Language Vocabulary and the Spacing Effect", Harry P. Bahrick, Lorraine E. Bahrick, Audrey S. Bahrick, Phyllis E. Bahrick, <Psychological Science>, 4(5), 320ページ
5. 『How We Learn: Throw Out the Rule Book and Unlock Your Brain's Potential』, Benedict Carey, Macmillan
6. 同上
7. 同上
8. 同上
9. 同上
10. 同上
11. 『The War of the Soups and the Sparks: The Discovery of Neurotransmitters and the Dispute Over How Nerves Communicate』、Elliot S. Valenstein, Columbia University Press, 56ページ
12. 同上, 同ページ
13. 『The Discoveries: Great Breakthroughs in 20th-Century Science, Including the Original Papers』, Alan Lightman, Vintage; Reprint edition
14. 『The War of the Soups and the Sparks: The Discovery of Neurotransmitters and the Dispute Over How Nerves Communicate』、Elliot S. Valenstein, Columbia University Press, 57ページ
15. 同上, 69ページ

16. 同上, 57ページ

8章

1. 残念ながら、彼らがあれほど殺したがっていたヒューロックは、事件の2年後に会議の途中で心臓麻痺により死亡した。JDLは、憎悪にまかせてヒューロックをわざわざ爆弾で殺そうとする必要はなかった。
2. 『The Best Defense』, Alan M. Dershowitz, Bookthrift Co (ダーショウィッツとセイゲルの関係は彼の回顧録『The Best Defense』と『Taking the Stand: My Life in the Law』で何度か言及されている)
3. 同上
4. 同上
5. 同上
6. 同上
7. 同上
8. 『Taking the Stand: My Life in the Law』, Alan M. Dershowitz, Crown, 39ページ
9. 『The Best Defense』, Alan M. Dershowitz, Bookthrift Co
10. 『Taking the Stand: My Life in the Law』, Alan M. Dershowitz, Crown, 445ページ
11. 同上, 45ページ
12. 同上, 同ページ
13. 同上, 同ページ
14. 同上, 445ページ
15. 『Whistling Vivaldi: How Stereotypes Affect Us and What We Can Do』, Claude M. Steele, W. W. Norton & Company, 230ページ
16. 同上, 228ページ
17. 『내 인생의 탐나는 심리학 50〔私の人生で知っておきたい心理学50〕』, トム・バトラー・ボードン, 흐름출판〔フルム出版〕, 52〜54ページ
18. 同上, 同ページ
19. "Boring but Important: A Self-Transcendent Purpose for Learning Fosters Academic Self-Regulation", David S. Yeager, Marlone D. Henderson, David Paunesku, Gregory M. Walton, Sidney D'Mello, Brain J. Spitzer, Angela Lee Duckworth, <Journal of Personality and Social Psychology>, 107(4,) 562ページ
20. 同上, 565ページ
21. 同上, 567ページ
22. 同上, 572ページ
23. 同上, 568ページ
24. 同上, 569ページ

25. 『아하! 세상을 바꾸는 통찰의 순간들〔アハ！　世界を変える洞察の瞬間〕』, ウィリアム・アーヴァイン, 까치〔カチ〕
26. “Boring but Important: A Self-Transcendent Purpose for Learning Fosters Academic Self-Regulation”, David S.Yeager, Marlone D.Henderson, David Paunesku, Gregory M.Walton, Sidney D’Mello, Brain J.Spitzer, Angela Lee Duckworth, <Journal of Personality and Social Psychology>, 107(4), 574ページ
27. 同上, 同ページ
28. 同上, 同ページ
29. 同上, 同ページ
30. 『Taking the Stand: My Life in the Law』, Alan M. Dershowitz, Crown, 85ページ
31. 同上, 同ページ
32. 同上, 87ページ
33. 同上, 同ページ
34. 同上, 同ページ
35. 『The Best Defense』, Alan M. Dershowitz, Bookthrift Co
36. 『Great American Lawyers: An Encyclopedia』, John R. Vile, ABC-CLIO

9章

1. https://www.buzzfeednews.com/article/alisonvingiano/21-black-harvard-students-share-their-experiences-through-a?utm_term=adbB0jLyje.dpG7reVOe0
2. https://www.insidehighered.com/news/2015/03/06/elite-college-degrees-give-black-graduates-little-advantage-job-market
3. https://www.youtube.com/watch?v=uAMTSPGZRiI
4. “Reducing the Effects of Stereotype Threat on African American College Students by Shaping Theories of Intelligence”, Joshua Aronson, Carrie B. Fried, Catherine Good, <Journal of Experimental Social Psychology>, 38(2), 113, 119ページ
5. 同上, 116ページ
6. “Distracted by the Unthought – Suppression and Reappraisal of Mind Wandering under Stereotype Threat”, Carolin Schuster, Sarah E. Martiny, Toni Schmader, <PLOS ONE>, 10(3)
7. 『In the Black: A History of African Americans on Wall Street』, Gregory S. Bell, John Wiley & Sons
8. 同上
9. 同上
10. https://www.artnews.com/top200/raymond-j-and-crystal-mccrary-mcguire/
11. 『In the Black: A History of African Americans on Wall Street』, Gregory S. Bell, John

Wiley & Sons
12. 同上
13. https://www.youtube.com/watch?v=7Zaex0scJZ4&t=2466s

エピローグ

1. "Parent Perceptions and Attributions for Children's Math Achievement", Doris K. Yee, Jacquelynne S. Eccles, <Sex Roles>, 19(5-6)
2. 『세상은 왜 존재하는가〔世界はなぜ存在するのか〕』, ジム・ホルト, 21세기북스〔21世紀ブックス〕, 61ページ〔邦訳『世界はなぜ「ある」のか? 実存をめぐる科学・哲学的探索』寺町朋子訳、早川書房、2013年〕

※情報は原書刊行当時のものです。URLなどリンクが切れている場合がございます。

［著者］ **チョン・ジュヨン**（Jooyoung Jung）

10年以上にわたり苦しみ抜いた難読症を克服し、20万人を超える読者から支持されるに至ったベストセラー作家。韓国第19代大統領選挙で広報・文化発展特別委員会の委員長を務め、ムン・ジェイン大統領候補の組織特別補佐官としても活動し、民主平和統一諮問委員会において文化担当諮問委員を務めた。「まわりの偏見に立ち向かいながら、人はどこまで成功できるのか？」という問いの答えを追い求める芸術映画を製作し、『第20回インディーフォーラム』映画祭に出品した『炎上の心理学』の作品性が認められ、「短編新作選」に選ばれる。文学、心理学、哲学、西洋美術、音楽史、経済、社会などを幅広く研究し、実体験における変化を本にしている。著書に『毒出し「黒豆」ダイエット ラクに50kg減、ニキビや宿便も一掃！』（ソフトバンククリエイティブ）、『僕はまだ、三十路』（未邦訳）などがある。

［訳者］ **鈴木沙織**（すずき・さおり）

日英韓翻訳者。青山学院大学文学部英米文学科卒業後、オーストラリアのTAFE（職業専門学校）の通訳翻訳コースを修了。その後、韓国の梨花女子大学通訳翻訳大学院翻訳科修了。児童書などの翻訳も手がける。

SIGNAL

10億分の1の自分の才能を見つけ出す方法

2021年9月15日　第1刷発行

著者　チョン・ジュヨン
訳者　鈴木沙織
発行人　山本周嗣
発行所　株式会社文響社
〒105-0001 東京都港区虎ノ門2-2-5 共同通信会館9F
ホームページ　https://bunkyosha.com
お問い合わせ　info@bunkyosha.com
印刷・製本　中央精版印刷株式会社

ISBN978-4-86651-410-9
この本に関するご意見・ご感想をお寄せいただく場合は、
郵便またはメール（info@bunkyosha.com）にてお送りください。